RÚSSIA: A RECONSTRUÇÃO DA ARQUITETURA NA UNIÃO SOVIÉTICA

El Lissitzky

RÚSSIA: A RECONSTRUÇÃO DA ARQUITETURA NA UNIÃO SOVIÉTICA

tradução de Renata Dias Mundt
prefácio de Paulo Mendes da Rocha

COLEÇÃO ESTÚDIO ABERTO

Estação Liberdade

Título original: *Russland. Die Rekonstruktion der Architektur in der Sowjetunion*

A coleção Estúdio Aberto é dirigida por Maria Isabel Villac e Angel Bojadsen

Preparação	Antonio Carlos Soares e Fabiano Calixto
Revisão	Tereza Lourenço
Revisão do russo e consultoria	Neide Jallageas
Diagramação	Miguel Simon
Assistência editorial	Fábio Fujita e Gabriel Joppert
Editores	Angel Bojadsen e Edilberto F. Verza

CIP-BRASIL. CATALOGAÇÃO NA PUBLICAÇÃO
SINDICATO NACIONAL DOS EDITORES DE LIVROS, RJ

L754r

Lissitzky, El, 1890-1941
Rússia : a reconstrução da arquitetura na União Soviética / El Lissitzky ; tradução Renata Dias Mundt ; Paulo Mendes da Rocha. - 1. ed. - São Paulo : Estação Liberdade, 2019.
248 p. : il. ; 21 cm. (Estúdio aberto ; 3)

Tradução de: Russland: die rekonstruktion der architektur in der sowjetunion
Apêndice
ISBN 978-85-7448-271-2

1. Arquitetura - União Soviética. 2. Construtivismo (Arquitetura) - União Soviética. I. Mundt, Renata Dias. II. Rocha, Paulo Mendes da. III. Título. IV. Série.

19-55616 CDD: 720.94709042
CDU: 72 72(47+57)

Leandra Felix da Cruz - Bibliotecária - CRB-7/6135
06/03/2019 11/03/2019

Esta publicação segue as normas do Acordo Ortográfico da Língua Portuguesa, Decreto nº 6.583, de 29 de setembro de 2008.

Editora Estação Liberdade Ltda.
Rua Dona Elisa, 116 — Barra Funda — 01155-030
São Paulo – SP — Tel.: (11) 3660 3180
www.estacaoliberdade.com.br

NOTA DOS EDITORES

1. Para a compilação da presente obra, referimo-nos à edição original — El Lissitzky: *Russland. Die Rekonstruktion der Architektur in der Sowjetunion* (*Neues Bauen in der Welt*, vol. 1), Joseph Gantner (org.), Viena, Verlag von Anton Schroll & Co, 1930.

   Os textos do anexo integram a edição organizada por Ulrich Conrads, com colaboração de G. Albers, A. Arndt, L. Burckhardt, W. Hebebrand, W. Kallmorgen, H. Mattern, J. Posener, H. Scharoun e H. Schneider, publicada pela editora alemã Ullstein — *1929 Rußland: Architektur für eine Weltrevolution*, Berlim, 1965, col. Bauwelt Fundamente 14.

   Foram feitas as devidas gestões para creditar adequadamente os direitos autorais dos anexos contidos nesta obra. Contatadas, as editoras Ullstein, que os publicou originalmente, e a De Gruyter, que fez nova edição em 2000, nos informaram não serem mais detentoras dos mesmos e desconhecer o paradeiro do organizador Ulrich Conrads. Não conseguimos retorno do espólio de alguns dos autores destes anexos. Escrevemos para as Fundações Bauhaus Dessau e Berlim, o espólio de Hannes Meyer, a Ernst-May-Gesellschaft e a Akademie der Künste em Berlim — às quais Hannes Meyer e Hans Schmidt foram vinculados —, bem como a Harvard Library no caso de Martin Wagner. A presente editora agradece indicações e complementos de titularidade de direitos. Os textos dos demais autores dos anexos encontram-se em domínio público.

2. Para os nomes das cidades russas mencionadas no texto, optamos por manter aqueles vigentes à época da edição da obra original.

   Em relação à grafia dos nomes próprios e demais termos russos, adotamos as regras de transliteração estabelecidas pelo Departamento de Línguas Orientais da Faculdade de Filosofia, Letras e Ciências Humanas da Universidade de São Paulo (FFLCH/USP). A exceção é o nome do autor, El Lissitzky, para o qual preferimos manter a grafia alemã, por ter se tornado assim consagrada mundo afora e por ter ele mesmo optado por esta grafia em suas diversas estadas na Alemanha.

   Agradecemos a intensa colaboração da professora Neide Jallageas, cujo engajamento em esclarecer numerosas questões referentes à arquitetura e à história soviéticas, bem como à língua russa, foi imprescindível.

SUMÁRIO

PREFÁCIO

Paulo Mendes da Rocha

PREFÁCIO

A manchete é *DEZ DIAS QUE ABALARAM O MUNDO*. Cem anos atrás, essa notícia capaz de acordar o mundo todo na direção de transformações há muito desejadas cria o espaço para que apareça este extraordinário relato de El Lissitzky, sobre a ação da arquitetura e do urbanismo na revolução. Agente enquanto forma peculiar de conhecimento, a arquitetura, os edifícios, não são um modo comemorativo. São memórias como convocação de conhecimento para realizar, amparar novos e atuais modos de vida — são agentes ativos de uma transformação.

A cidade existe antes que se construa, na imaginação, por desejos e necessidades humanas. Um projeto amarrado com a formação da consciência e da linguagem, do discurso histórico sobre a construção do nosso habitat. Uma transformação da natureza. A cidade, um projeto revolucionário que faz surgir uma coisa nova. No universo. Que antes não havia. Uma nova geografia.

Notícia também revolucionária foi a do Novo Mundo, espanto e ânimo renovado para todos no século XVI. Nós americanos temos aí outra revolução anunciada, na qual estamos envolvidos até hoje amparados também por aqueles dez dias do princípio do século XX. Revolução porque os navegadores, cartógrafos, astrônomos sabiam que o planeta girava em torno do Sol e quem dizia isso de público, como um Galileu, era condenado à fogueira. As navegações e seus feitos perante a transformação da natureza na imaginação dos homens tornam-se, de modo evidente, uma questão política, amparada pelo comércio que surge com as riquezas encontradas. Assim como os novos destinos, a construção, o desenho das cidades é uma questão política.

É sobre todo esse fantástico universo que trata o belíssimo relato de El Lissitzky e que, por isso mesmo, como todo romance sobre nossa existência, não é, não está sozinho, autônomo.

O que eu gostaria de dizer nesta breve introdução é que todo o construtivismo soviético russo, os suprematistas e as experiências com o largo planejamento territorial e depois urbano, experimentados e discutidos no mundo todo, nessa abertura do século XX, foram a luz da minha formação. Pouco a pouco. Notícia, aula, breve comentário e, mais adiante, aberturas mais claras sobre esse belíssimo espetáculo na dança do conhecimento.

Não se tratava de doutrinas, não eram teorias acabadas. Foram sempre estimulantes aberturas. Bem mais tarde, entre meus colegas professores e alunos da FAU-USP, ouvi aquilo que fecha a questão: não se pode ensinar arquitetura, mas sim educar um arquiteto.

Pensando assim é que, para abraçar essa excepcional reunião de textos sobre arquitetura, urbanismo e planejamento, em volta do texto central de El Lissitzky, imagino sugerir ao leitor montar uma estante na sua biblioteca, ao lado dessa matriz.

Primeiro vem *Ville et Révolution*, do russo Anatole Kopp, professor na Université Paris-VIII. O livro foi editado pela primeira vez em 1967 e, numa segunda edição, em 1969. O texto largo e claro expõe o comparecimento de todos os lados — dos trabalhadores, operários, das artes, ciências, técnicas, na imaginação de um mundo novo, no mesmo lugar. Abre com um poema de Maiakóvski! O conjunto das imagens é insubstituível.

Depois, pode vir nessa estante *Arquitetura e utopia*, de Manfredo Tafuri. Professor do Istituto Universitario di Architettura di Venezia.

Também de Tafuri, junto com Francesco Dal Co, *História da arquitetura moderna*. E principalmente seus escritos diversos sobre Veneza. Construção política por excelência enquanto cidade. Minerva, Mercúrio e Vulcano. Veja lá, para conversar com nosso El Lissitzky.

Escrito pelo notável Edmund Wilson, 1940, fica muito bem nessa espécie de conversa de bar *Rumo à Estação Finlândia*. E não pode faltar *Dez dias que abalaram o mundo*, livro-reportagem do jornalista americano John Reed, publicado em 1919.

E por falar em formação, poderíamos fechar com o ensino nesta transformação projetada e arrumar junto *Poema pedagógico*, de Anton Makarenko.

Para esta apresentação, fica ainda a lembrança de que a editora Estação Liberdade está sediada em São Paulo, cidade na América sem nenhum planejamento e reconhecidamente com graves problemas estruturais.

Há uma lição amparada no texto de El Lissitzky. Uma lição que diz que, se não sabemos exatamente como fazer, podemos sempre experimentar sabendo o que queremos e sabendo exatamente o que não devemos fazer. Dizer que arquitetura é arte, ciência e técnica, capazes de evitar o desastre e, antes de tudo, voltada para amparar a imprevisibilidade da vida: projetar e construir ligações entre o Atlântico e o Pacífico, em aliança com os outros países, construindo a paz na América Latina. Realizando as monumentais obras de aproveitamento da rede fluvial. Navegação interior desenvolvida em parceria com os países irmãos. Novas cidades. Novos espaços. Nova geografia. Novos tempos. Antigos projetos, diante desta publicação oportuna, quase esperada, nestes tempos difíceis de abertura do século XXI.

Lembrando o largo tempo que vivemos no período chamado pré-histórico e a velocidade com que se fala agora do tempo histórico em décadas, a ideia de sociedade humana, habitat construído, natureza transformada é para enfrentar, evoluir, enquanto *homo* atual.

Lembrando o pequeno engenho que instalamos no planeta Marte — o Curiosity — agora a notícia, a manchete poderia ser: *Homem projeta a expansão da vida humana no universo.*

Não esqueça El Lissitzky para ler na viagem.

A INFRAESTRUTURA

O nascimento da máquina foi o marco inicial da revolução técnica que aniquilou a manufatura e se tornou decisiva para a grande indústria moderna. Durante um século, os novos sistemas técnicos de produção modificaram todos os processos vitais. A técnica hoje revolucionou não apenas o desenvolvimento social e econômico, mas também o estético. Essa revolução definiu os fundamentos da nova arte da construção na Europa Ocidental e nos Estados Unidos.

Em outubro de 1917, iniciou-se nossa Revolução e, com ela, uma nova página na história da sociedade humana. Os elementos básicos de nossa arquitetura são parte dessa revolução social, e não da técnica.

O lugar do cliente individual e privado foi ocupado hoje pela "missão social", como a chamamos. O foco se deslocou do íntimo e individual para o geral, para a multiplicidade. Hoje, a arquitetura utiliza outros parâmetros. Todas as receitas experimentadas, que antes estavam tão comodamente à disposição, perderam de repente a validade. Todo o campo da arquitetura tornou-se um problema. Esse problema se colocou em um país que, exaurido pela guerra e pela fome, estava fechado de forma hermética para o mundo exterior. Para solucionar esses novos problemas da arquitetura, foi necessário, antes de qualquer coisa, consertar a economia como infraestrutura. Na área da produção, foi possível atingir muito rapidamente a condição anterior à guerra.

Para nossas exigências atuais, porém, esse nível e esse ritmo não são suficientes. A fim de cumprirmos de fato nossa tarefa no mundo, temos de nos empenhar para acelerar o ritmo de crescimento, para forçá-lo. Isso só é possível se continuarmos não apenas melhorando e expandindo o que já existia, mas se também o reformarmos de maneira totalmente inovadora. Não apenas construir, mas reconstruir. Nós reconstruímos a indústria, reconstruímos as propriedades rurais. Essa reconstrução da produção cria uma nova filosofia de vida. Ela é o solo fértil da cultura, e isso significa que é também para a arquitetura.

A nossa nova arquitetura não continua a construir algo que foi interrompido, ela está no início e não deve apenas construir. Sua tarefa é compreender as novas formas de vida a fim de participar de todo o devir do novo mundo por meio do planejamento de construções adequadas. A arquitetura soviética se encaminha para a reconstrução.

CORRELAÇÕES ENTRE AS ARTES

Na Rússia, também a arquitetura, sob influência da Europa Ocidental, foi alijada da corte e colocada aos cuidados da Academia. Ao lado das outras artes, ela levou sua prosaica vida de aparências em estado de sonolência. Somente pessoas diplomadas pelo Estado tinham permissão para construir na Rússia, mas pintar e escrever eram atividades "livres". Assim, na arquitetura, se cultivava a competência; na pintura e na literatura, o talento.

As novas aspirações artísticas encontraram solo fértil não na Petersburgo aristocrática e burocrática, mas na Moscou burguesa dos grandes comerciantes. Aqui o desenvolvimento assumiu um ritmo cada vez mais acelerado. A pintura foi impulsionada de forma tão básica e radical que chegou a seus elementos primários. A arte se tornou cada vez mais isolada. Ela estava no ponto abissal de deixar todas as suas questões se degenerarem na *l'art pour l'art* e nos assuntos de salão, de forma semelhante aos hábitos atuais do Ocidente. A revolução bolchevique deslocou esse fluxo de energia e ofereceu um espaço tão gigantesco aos artistas radicais que será necessário o trabalho de algumas gerações para preenchê-lo. Nesse momento, inicia-se o trabalho artístico-cultural que exerce influência decisiva sobre a reconstrução de nossa arquitetura.

A correlação entre as artes recém-surgidas é um importante fator para os elementos básicos da construção moderna. Essa influência sobre a arquitetura trouxe, além de valores e originalidade, também alguns perigos. Nossa arte pertence a uma época de ciências exatas. Utilizamos os métodos desse período — analisamos. A pintura é a área em que o material menos dificultou a experimentação. Assim, as novas forças criativas desnudaram os elementos plásticos da criação com ajuda da análise. Durante esse trabalho, duas visões claras e distintas se cristalizaram: "O mundo nos é dado através da visão, através das cores"; e "O mundo nos é dado através do tato, através dos materiais." Para ambas, o mundo era uma ordem geométrica.

A primeira interpretação exige apenas a cor pura espectral, incluída de forma abstrata na ordem racional dos elementos geométricos — a planimetria das cores. Um mundo orgânico e cristalino. Esse mundo se constrói em um espaço visual infinito. A consequência seguinte foi a renúncia total ao espectro das cores e à figura planimétrica (preto e branco) por fim restante. Com isso, a pintura ficou suspensa, levando à pura configuração de volumes. Essa configuração estereométrica logo foi compreendida em sua natureza arquitetônica, de forma que a pintura se tornou a estação de baldeação da arquitetura. Um novo equilíbrio assimétrico dos volumes foi construído, a tensão dos corpos foi levada a uma nova expressão dinâmica, e um ritmo original se instalou. Como o mentor da concepção cromática era pintor (Maliévitch), ele não podia apreciar a realidade do mundo, pois sempre a observava com os olhos, ficando preso ao não representacional. As consequências seguintes, nós, arquitetos, tivemos de desenvolver.

A segunda visão do mundo, através da matéria, exigia não somente a observação, mas também o apalpar das coisas. Para estruturar as formas, partia-se das características específicas do material adotado. O mentor desse movimento (Tatlin) pressupunha que o domínio intuitivo-artístico do material levaria a invenções sobre cujas bases seria possível construir objetos independentemente dos métodos científico-racionais da técnica. Ele acreditou ter comprovado tal teoria em seu projeto para o Monumento à 3ª Internacional (1920). Realizou esse trabalho sem conhecimentos específicos técnico-construtivos ou estáticos, comprovando assim sua concepção. Essa foi uma das primeiras tentativas de criar uma síntese entre o "técnico" e o "artístico".

O anseio da nova arte da construção por diluir o volume e criar a interpenetração espacial entre o exterior e o interior já encontra aqui sua expressão. Nesse momento, foi realmente recriada uma forma de construção antiquíssima, encontrada, por exemplo, na pirâmide de Sargon, em Corsabad: um novo material para um novo conteúdo. Esse trabalho e vários outros experimentos com materiais e modelos trazem ao mundo a palavra-chave "construtivismo". A atual geração de arquitetos "construtivistas" considera formalistas, ou até mesmo "simbólicos", trabalhos como esses. Voltaremos ainda a essa dialética do desenvolvimento. Pode-se concluir, então, que as realizações das outras artes desempenharam um importante papel para a reconstrução de nossa arquitetura.

Os primeiros precursores não chegaram, todavia, a construir. A guerra interrompeu toda a prática de construção. Nos primeiros anos da Revolução, a única coisa que se fez foi retirar velhos materiais dos edifícios a fim de serem usados como combustível de aquecedores; com isso, criaram-se terrenos para as obras. As novas forças da construção tinham de ser preparadas. A escola continuou sendo a instituição formadora de jovens arquitetos. Era necessária a criação de novos métodos. Paralelamente ao processo pelo qual passou a pintura (apresentado acima), iniciou-se um movimento sintético, liderado pelos arquitetos (arquitetura + pintura + artes plásticas). Esses jovens arquitetos, que foram educados na escola clássica, precisaram, em primeiro lugar, se despir de sua própria pele. Seu primeiro passo foi necessariamente a destruição, a detonação. Lutava-se pela expressão.

A tarefa era clara: elevar a arquitetura, em seu valor artístico e prático, à altura do tempo atual. Essa solução assegurava a vitória da juventude na escola. Estava com os jovens o conteúdo vital ao qual os velhos acadêmicos não tinham nada a opor, a não ser verdades emprestadas, estranhas, havia muito superadas.

A juventude fixara o objetivo de atingir a unidade entre a tarefa utilitária e a ideia arquitetônica de espaço. A realidade, no início do desenvolvimento, não pôde gerar nenhuma tarefa a ser solucionada, de forma que as circunstâncias precisaram ser inventadas, imaginadas (por exemplo, um restaurante e uma pista de pouso à margem de um precipício)

Aquilo que leva em geral uma produção orgânica à plena realização de sua forma, a seleção, surgiu mais no campo das ideias rascunhadas. Mas nesse âmbito existia o perigo de se atingir números recordes. Um traço determinante do caráter da nova escola é seu empenho para criar novos métodos de ensino objetivo e científico dos elementos da forma arquitetônica — massa, superfície, espaço, proporções, ritmo, etc. Uma nova pedagogia precisava ser criada. Esse trabalho, iniciado pelos primeiros precursores como Ladóvski, Dokutchaiev, Krinski, continua hoje a ser feito pela geração mais jovem atual, da qual fazem parte Balikhin, Korjev, Lamtsov, entre outros. A escola de hoje não tem apenas a tarefa de formar mestres de obras ou arquitetos projetistas, mas também de criar arquitetos que trabalhem cientificamente em seu campo.

Esse trabalho sério com os elementos fundamentais da arquitetura colocou todas as forças em movimento. Formou-se um grupo que focou a atenção na construção, preconizando o uso, na arquitetura, dos métodos do engenheiro, do construir. A partir da construção, a forma deve surgir por si própria. Conhecemos essa tendência da arquitetura geral internacional; contudo, aplicada à nossa situação, nota-se uma diferença fundamental em relação a ela.

Em todos os países, com exceção da Rússia, as conquistas técnicas são uma realidade da vida moderna. Nos Estados Unidos, o arquiteto se inter-relaciona diretamente com essa técnica. Talvez por isso ele não exija mais do que ela pode dar. Na Rússia ainda não há, em nenhuma cidade, complexos urbanísticos semelhantes aos de Paris, Chicago ou Berlim. No campo da técnica, é possível devorar etapas intermediárias, de maneira que possamos pular direto da enxada para o trator, sem ter

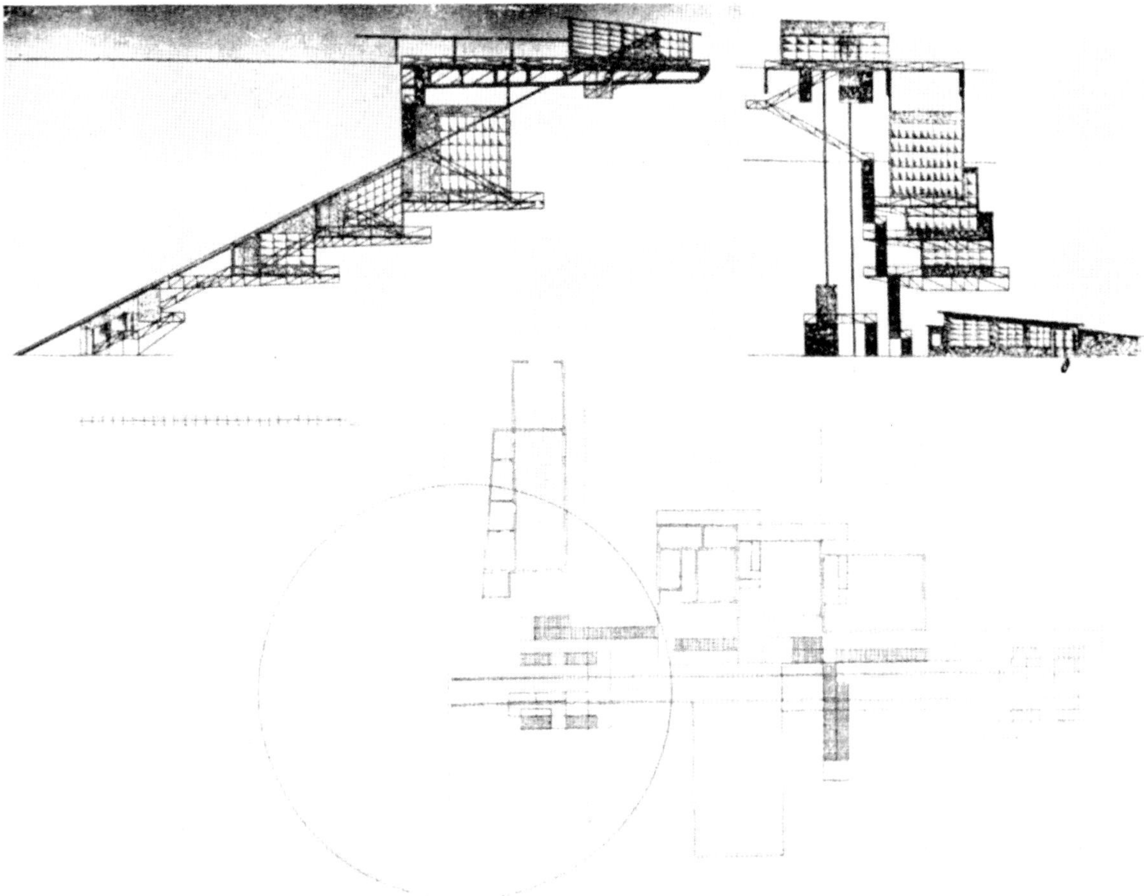

Restaurante e pista de pouso
às margens de um precipício,
Vkhutein, 1923, ateliê Ladóvski

de passar pelos costumeiros estágios históricos do desenvolvimento. Por isso, queremos introduzir aqui os mais modernos métodos de arquitetura e construção. E, pelos mesmos motivos, percebemos nos trabalhos e projetos dos "formalistas" e "construtivistas" uma liberdade radical nas construções.

PRIMEIRAS TAREFAS

Em 1923, surgiu a primeira nova tarefa da arquitetura soviética: construir um complexo arquitetônico descomunal, o "Palácio do Trabalho", no centro de Moscou, para os novos soberanos coletivos, os operários. Seriam nele realizados grandes congressos, encontros de massas, apresentações teatrais, etc. A tarefa era tão colossal quanto o seu tempo. No entanto, esse tempo ainda não cristalizara nenhum conceito arquitetônico definido. Assim, os projetos eram aglomerados amorfos de fragmentos do passado e do presente maquinista[1], muito mais baseados em ideias literárias do que arquitetônicas.

O projeto dos três irmãos Viesnin é o primeiro passo que sai da destruição e se encaminha para a nova construção. Sobre um plano fechado, a construção de um esqueleto desnudo de concreto armado resulta num volume claro e estereométrico. O todo ainda não compõe, há apenas corpos individuais, e não transmite nenhuma sensação de desenvolvimento urbano. A força da ordem arquitetônica ainda pode ser sentida em todo lugar, o conjunto é coroado pelo romantismo das rádios, e o grande salão com capacidade para 8 mil pessoas ainda é bastante convencional. No entanto, apesar de tudo isso, essa é nossa primeira tentativa de criar uma nova forma para uma tarefa social (que, em si mesma, ainda não estava

1. Na acepção de seguidor do maquinismo, fenômeno ocorrido no início da Revolução Industrial que consistiu na introdução massiva de maquinário para substituir ou reduzir o trabalho humano. [N.T.]

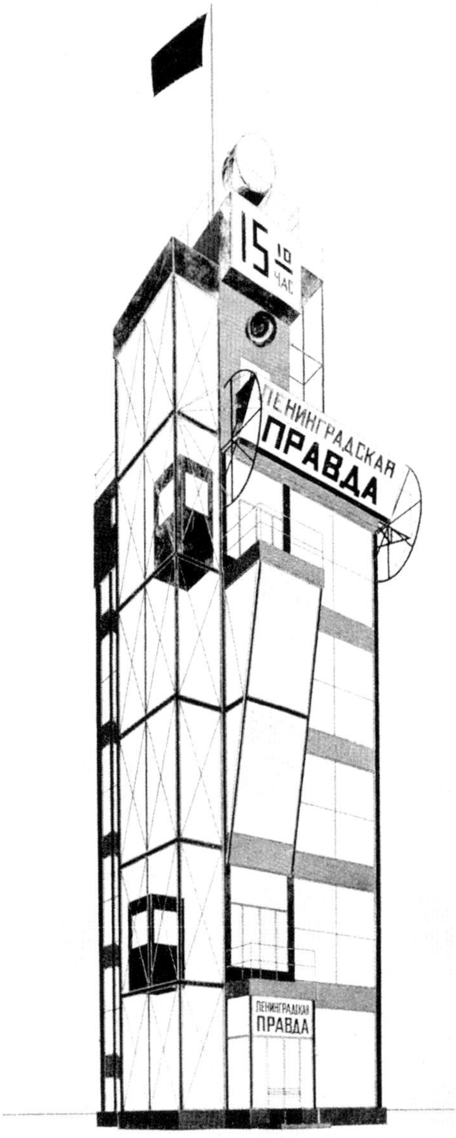

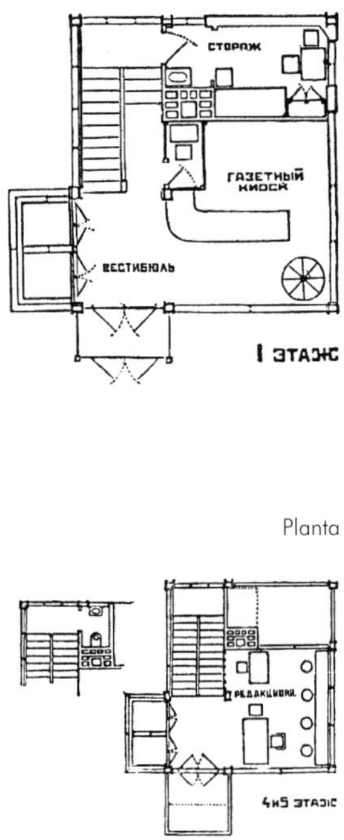

Planta

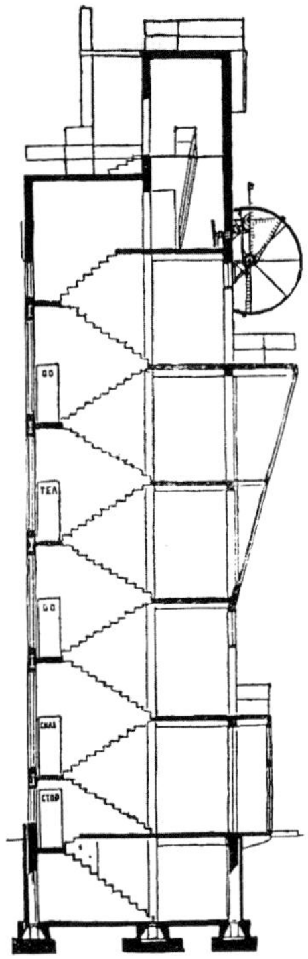

Corte

Irmãos Viesnin, instalações para jornal (Pravda), 1923

esclarecida). O período seguinte traz tarefas cada vez mais concretas, seu objetivo se torna mais claro e os resultados melhoram.

Em 1924, surge o projeto dos irmãos A. A. e V. A. Viesnin para a construção dos escritórios do jornal *Pravda*, em Leningrado. A área da base do edifício é de apenas 6 x 6 metros. A construção é um trabalho característico de época, repleta de vidro, ferro e concreto armado. Todos os adereços que a rua da cidade grande juntou ao edifício — placas, propagandas, relógios, caixas de som, e mesmo os elevadores internos — estão inseridos como partes equivalentes em sua estrutura e transformados em unidade. Essa é a estética do construtivismo.

A primeira pequena edificação que realmente documenta a reconstrução de nossa arquitetura é o pavilhão soviético de Mielnikov, na Exposição Mundial de Paris em 1925. O fato de o pavilhão ter ficado muito próximo às criações da arquitetura internacional deu forte destaque aos fundamentos da arquitetura soviética, que se baseiam em outras concepções e visões de mundo. Esse trabalho faz parte da ala "formalista" da frente radical de nossa arquitetura, a primeira que procurou criar uma ideia arquitetônica com fins utilitários.

Nesse caso, a ideia era deixar a escada exposta para aliviar o volume. Na planta, a simetria é definida diagonalmente com um giro de 180 graus. Dessa forma, o todo é colocado em movimento a partir de sua estabilidade simétrica normal. A torre é transformada em um sistema aberto de mastros. O edifício é genuinamente construído em madeira; isto é, não apresenta a forma de construção nacionalista, em blocos, mas a moderna, em madeira. Ela é transparente. Cores fortes. Por isso, nenhuma falsa monumentalidade. Uma nova visão.

K. Mielnikov, projeto do pavilhão da URSS para Paris, 1925

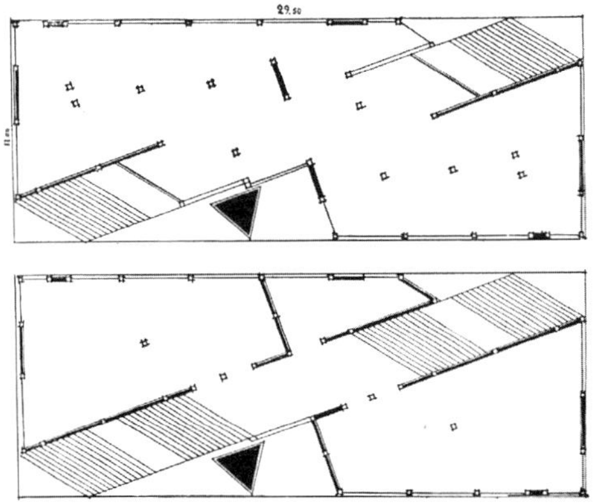

K. Mielnikov, Pavilhão da URSS, Paris, 1925
Térreo e 1º andar

K. Mielnikov, pavilhão da URSS em Paris, 1925

CASA-COMUNA

O maior problema atualmente na Europa é a moradia. Se para o Ocidente a tarefa consistia em retomar a realização de obras interrompidas pela guerra, mesmo que sob condições econômicas e técnicas modificadas, na Rússia a questão é solucionar um novo problema social de valor cultural fundamental. Neutralizamos todos os contrastes das formas de habitação, desde os porões dos operários das grandes cidades ao apartamento de vários cômodos ou à mansão particular. Os arquitetos soviéticos receberam a tarefa de criar um novo tipo de célula residencial, não para indivíduos separadamente, em conflito uns com os outros (Ocidente), mas para a massa, como padrão de moradia.

A grande massa da população rural possui ainda hoje esse modelo habitacional — a casa de madeira — , que foi o padrão técnico e arquitetônico das residências durante séculos. Essa casa é resultado do trabalho manual, mas é um produto em grande escala, disposto e definido, em todas as suas partes, de tal forma que o construtor consegue montá-las sozinho (montagem a seco). O mesmo sistema foi utilizado também na cidade, até que a industrialização criou a divisão urbanística entre a cidade e o campo.

As habitações na cidade (Moscou) são de madeira. Os telhados são cobertos com telhas de madeira, por isso os enormes incêndios. Aqueles cujas casas foram queimadas podem adquirir novas.

> Numa feira especial, fora dos muros da cidade, estão expostas várias casas prontas para montagem. É possível comprá-las a um preço baixo e montá-las em outro local. Apesar de a feira ser no bairro, a casa comprada pode ser entregue pronta em outro lugar em dois dias. As vigas já estão ajustadas e é necessário apenas preencher os vãos com musgo (...).[2]

Esse trecho mostra como são saudáveis os impulsos coletivos que existem em nosso povo e comprova que nenhuma massificação surgiu a partir do normalizado, do igualitário.

Para o futuro, temos de considerar, por um lado, as demandas íntimas e individuais de uma residência e, por outro, todas as condições gerais e sociais. Deve-se transferir a atividade culinária da cozinha individual para o laboratório de culinária comunitário; a refeição principal, para os refeitórios; e a educação das crianças, para o jardim de infância e a escola. Assim, o espaço necessário à vida individual e privada é reduzido não apenas devido à atual falta de moradias, mas o é também para o futuro. Em compensação, a parte coletiva deve ter dimensões e formas cada vez mais livres. Com isso, a arquitetura se transforma em expressão da condição social, passando a ter influência sobre a vida social. O objetivo, hoje, é transformar o edifício composto por uma soma de apartamentos privados em uma casa-comuna.

A atividade construtora realizada pela administração comunitária e pelas grandes cooperativas centrais ainda não experimentou novas formas radicais para as habitações em sua luta unilateral contra a falta de moradias. A Faculdade de Arquitetura de Vkhutemas recebeu do departamento de construção do Mossôviet[3] a tarefa de planejar um assentamento. Uma

2. A. Olearius. *Reise nach Moskavium* (Viagem a Moscou), 1636.

3. Conselho Municipal de Moscou. [N.T.]

das soluções, concebida como moradia de solteiros, é uma torre redonda, composta de cômodos individuais de 6 a 9 m^2. As tarefas domésticas são realizadas no salão comunitário do complexo.

A eficiência é um dos fatores principais e decisivos desse projeto. Por meio da fusão de unidades de moradia maiores, é possível fazer o corredor em arco, reduzindo-se as escadas.

Uma invenção singular é o corredor entre andares de Siltchenkov. Ele posiciona o corredor contínuo na parede externa, economizando uma série de escadas, de forma que os cômodos situados atrás do corredor também recebam luz direta. Ao longo desse corredor, são dispostas células residenciais compostas por uma, uma e meia ou duas unidades, cada uma dotada de banheiro e cozinha. Naturalmente, esse sistema também pode ser utilizado em outros edifícios. Dessa maneira, chegamos com certeza a novas formas para a estrutura da residência. Esses sistemas oferecem ao administrador novos meios econômicos; ao pioneiro cultural, novas possibilidades para a formação da coletividade; e ao criador, elementos plásticos seguros.

Kotzar (Vkhutein), planta para casa de solteiros.

A. Siltchenkov, sistema de edifício residencial com corredor em um andar intermediário.

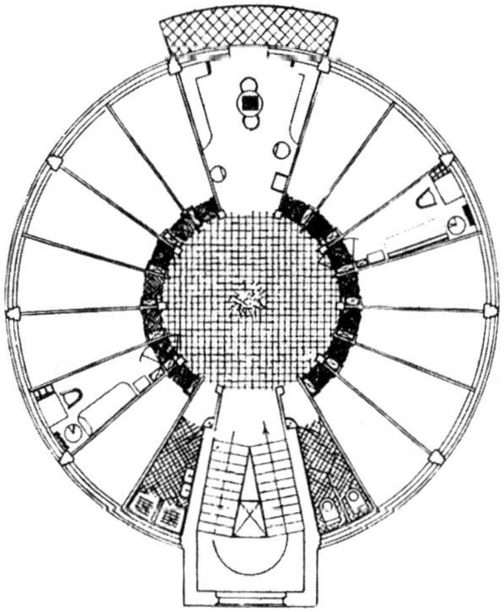

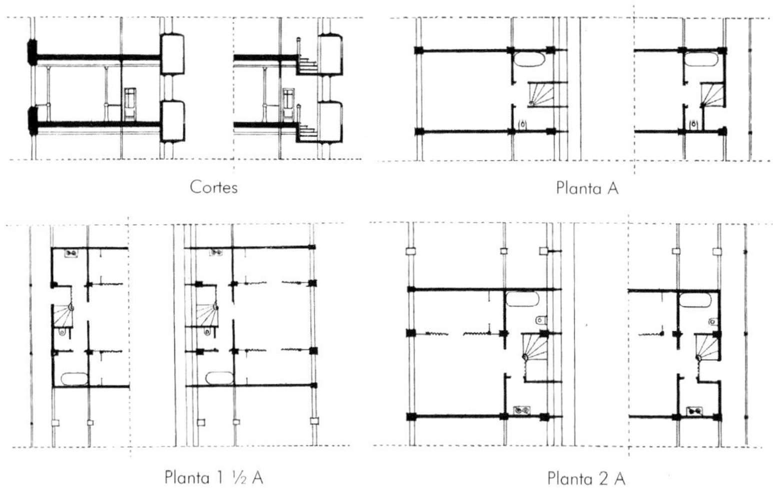

A

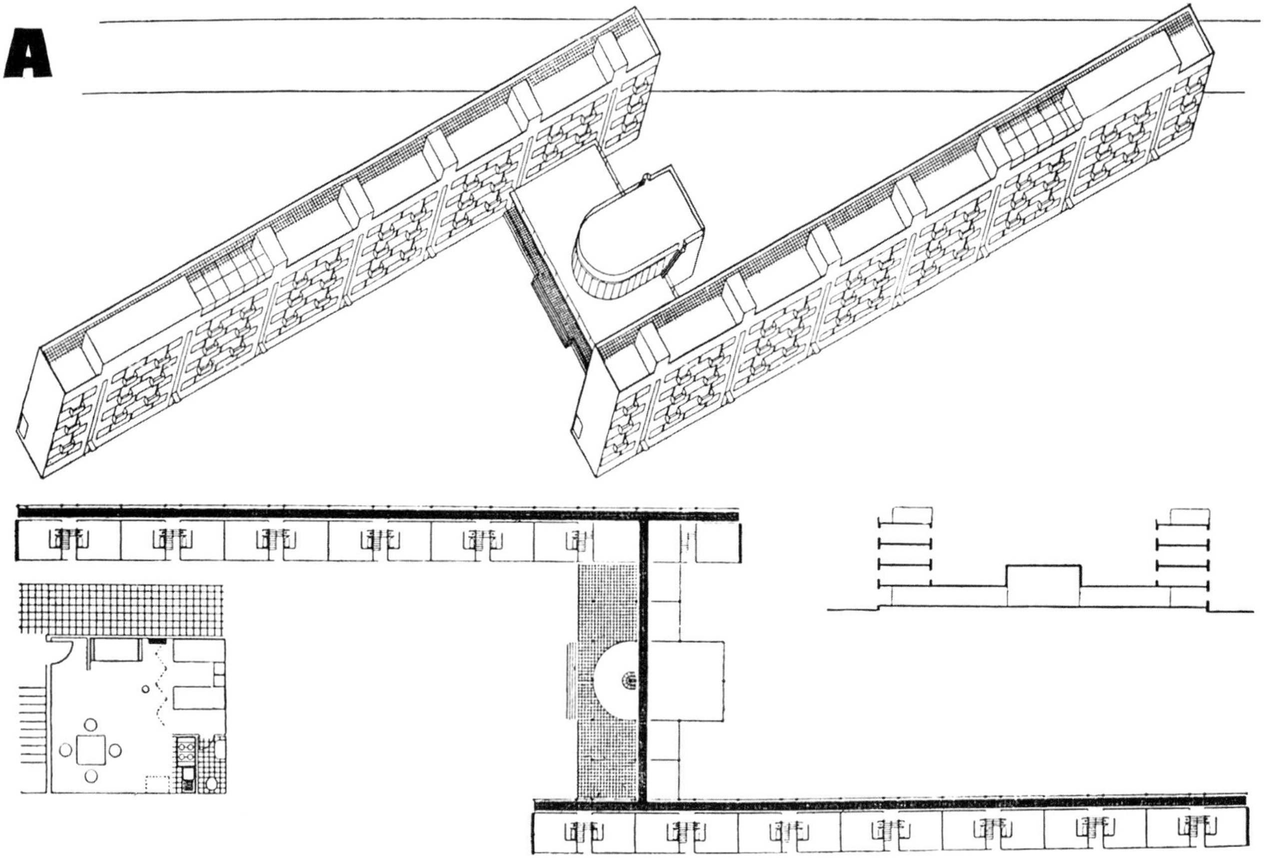

Comitê de construção do
Conselho de Economia
da casa-comuna da RSFS
da Rússia, tipo A

Nas repartições estaduais, trabalhos radicais como esses são realizados pelo Comitê de Construção do Conselho Econômico da República Socialista Federativa Soviética da Rússia. Nesse comitê, os problemas de moradia são trabalhados de forma sistemática. Esse esforço gerou uma série de projetos, criados pelos arquitetos Guinsburg, Pasternak, Vladimirov e Barchtch, que redundaram em construções experimentais. Até hoje, realizaram-se os seguintes tipos:

Tipo A — Os blocos dos apartamentos para uma só pessoa são transformados em uma habitação comunitária por meio da criação de um corredor transversal com cômodos individuais adjacentes nos andares mais baixos. Esse corredor liga todas as escadas ao centro comunitário (refeitório, sala de descanso, sala de jogos infantis, etc.).

Tipo E — Casa-comuna de seis andares, com 360 cômodos individuais. Possui duas partes idênticas, de três andares cada. Um corredor no segundo andar de cada parte serve para o trânsito. Pequenas escadas abertas ligam o corredor aos patamares do andar inferior ou superior, de onde se pode chegar a quatro cômodos individuais. Essas escadas, que acompanham a linha da construção, criam, de baixo para cima, um sistema uniforme iluminado por um telhado com cobertura em "shed". O corredor central se estende até os espaços comunitários.

Tipo F — Caracteriza-se por um corredor que serve a dois andares. As células residenciais ocupam um andar e meio, com uma área de estar de 3,25 até 3,50 metros de altura e um dormitório-cabine com 2,15 a 2,25 metros de altura, com banheiro. Entre essas cabines, o espaço do corredor foi economizado. Esse corredor liga o bloco das habitações ao centro comunitário, onde se concentram as cozinhas e os refeitórios, salas de leitura e de descanso, bem como os espaços para as crianças.

Todos esses sistemas são bastante flexíveis e oferecem inúmeras possibilidades de composição, de acordo com o tipo de terreno, a quantidade de residências, etc.

E

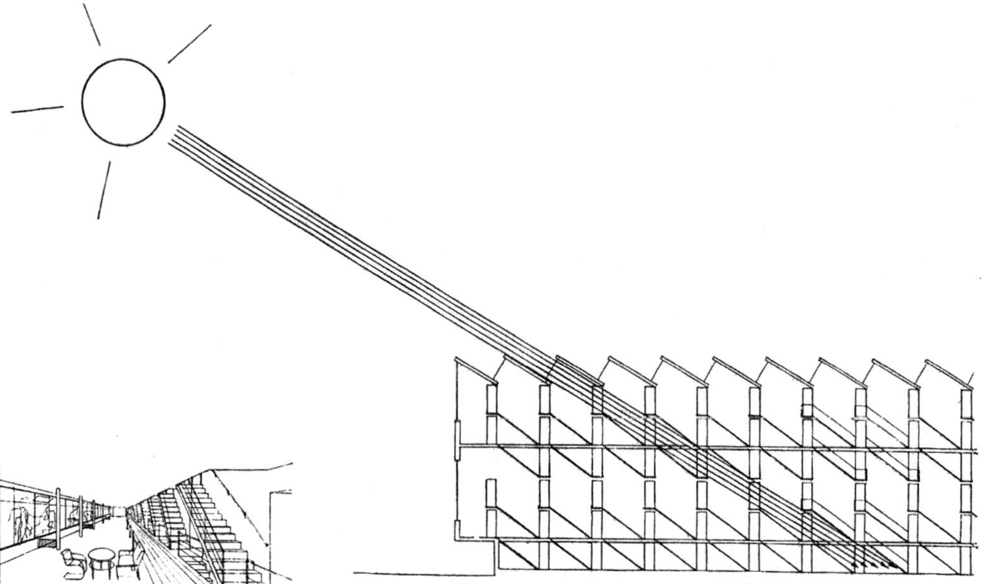

Corte longitudinal

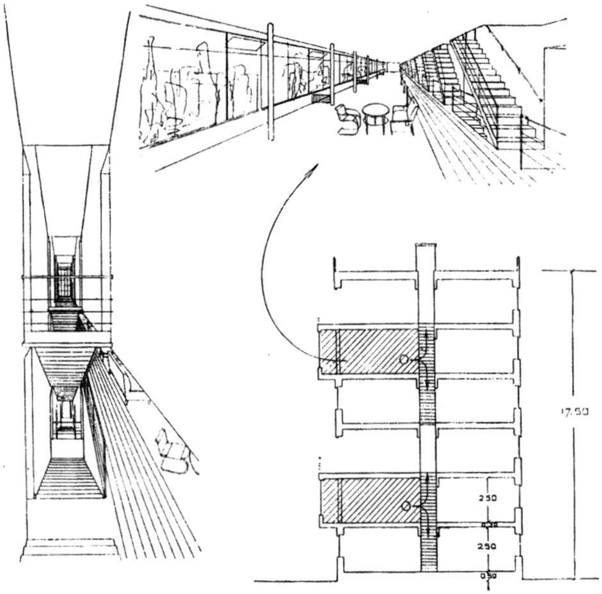

Vistas

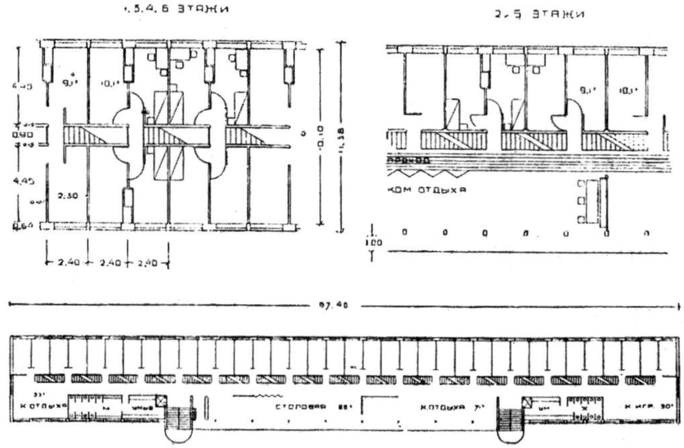

Planta

Comitê de construção do Conselho de Economia
da casa-comuna da RSFS da Rússia, tipo E

Corte

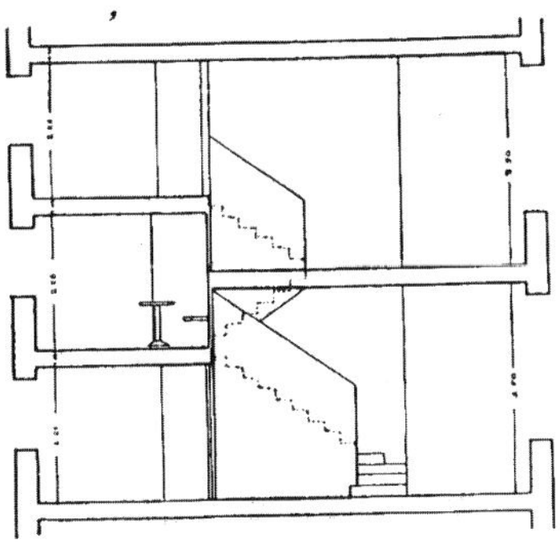

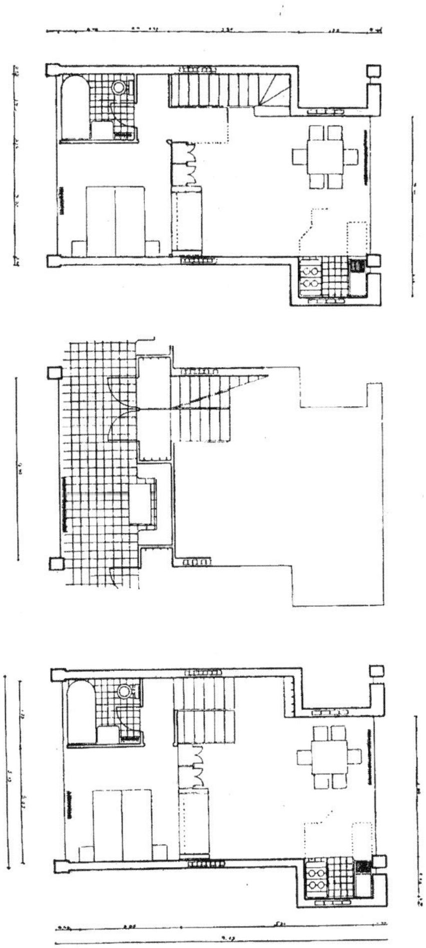

Plantas

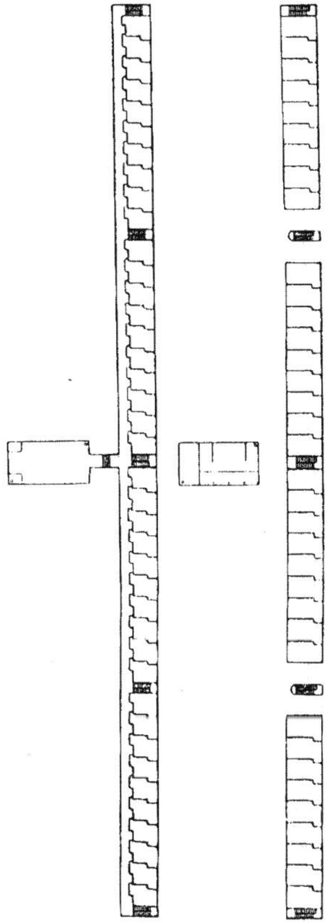

Ilustr. 13. Comitê de construção do Conselho de Economia da casa-comuna da RSFS da Rússia, tipo F

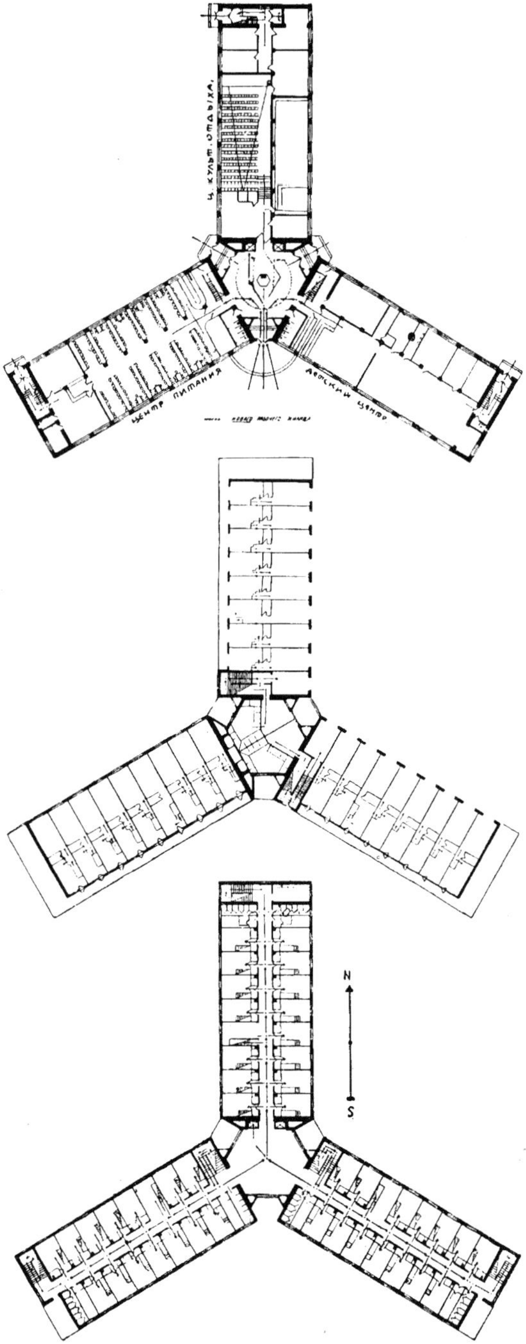

Outro tipo de solução para a casa-comuna, encontrado pelo Instituto de Arquitetura de Leningrado, é um edifício fechado, central, com três eixos de seis andares, para 660 moradores. Um corredor serve três andares. As células residenciais são compostas de dois ou três cômodos. Os três tipos básicos de espaços comunitários (alimentação, infantil e descanso) foram inseridos no primeiro andar, cada um em uma asa.

Independentemente de o desenvolvimento privilegiar o sistema horizontal (corredor) ou vertical (escadas), é importante que o bloco residencial, formado ainda hoje por uma soma de residências privadas, se transforme num complexo sintético de habitação comunitária. À medida que as funções das partes individuais forem se esclarecendo, será mais fácil organizar a construção em seu todo, e de uma forma elástica, para que se possa conceder mais espaço aos desejos individuais.

Todas essas invenções e criações estruturais têm um objetivo comum: definir a direção do desenvolvimento das habitações da sociedade socialista. Essa é uma das principais tarefas da reconstrução de nossa arquitetura.

K. Ivánov, F. Tíuchin e P. Smolin
(Instituto dos Engenheiros Civis)
casa-comuna

O CLUBE COMO USINA DE ENERGIA SOCIAL

I. Lamtsov, projeto para um clube, cortes

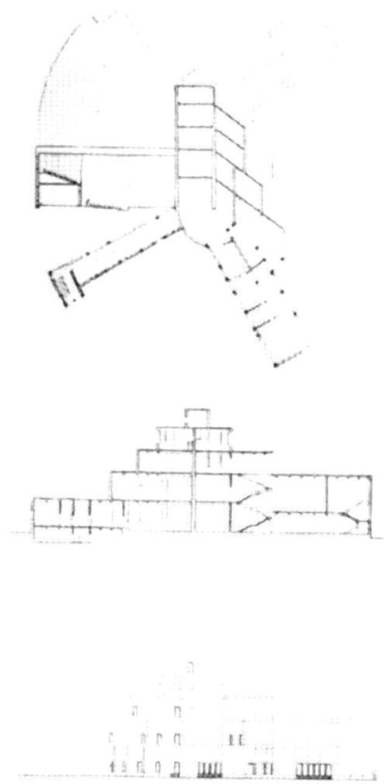

Em geral, construções com o propósito de servir à sociedade concentram energia criadora. São edifícios adequados à ordem social dominante, de culto e de governo: Igreja e Palácio. Essas eram as usinas de energia da antiga cultura. Seu poder só pode ser superado pela construção de novas usinas por nossa cultura atual. Há anos, pensou-se em erguer palácios, mas "palácios do trabalho". Surgiu o perigo de introduzirmos em nossas vidas um *páthos* estranho, ou seja, superficial. Se quiséssemos mesmo utilizar o termo palácio em nosso dia a dia , então teríamos de, antes de mais nada, redesenhar as fábricas, transformando-as em "palácios do trabalho". O concurso de 1923 para o "Palácio do Trabalho" em Moscou foi um novo impulso, o primeiro de um grande número de concursos para esse tipo de palácio, chamado mais tarde de "Palácio da Cultura" e, por fim, simplesmente de "clube".

No decorrer desse trabalho, percebemos três períodos:

1. A transformação em clubes de construções já existentes, com funções completamente diferentes;

2. Novas instalações são construídas; mas logo fica claro que a junção arbitrária de cada uma delas, formadas por um salão de teatro (velho sistema barroco) e um salão de cinema, tudo circundado por corredores e cômodos individuais, ainda não era a solução para a nova tarefa cultural;

3. Somente aos poucos se chega à reconstrução direta da tarefa.

A tarefa cada vez mais orgânica começa a ficar clara. A fim de solucioná-la, deve ser criado um corpo espacial, um edifício onde todas as

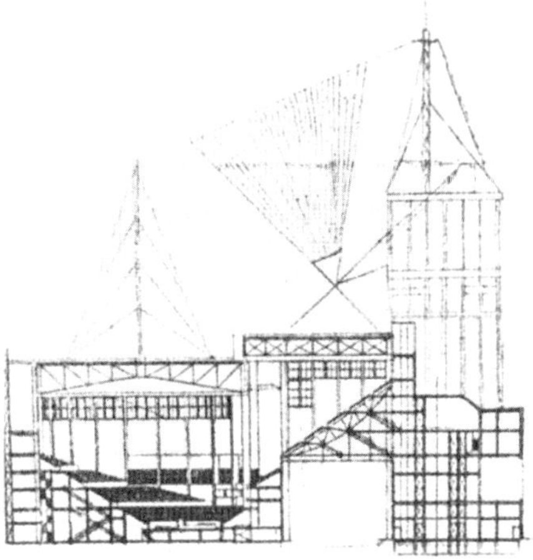

Corte

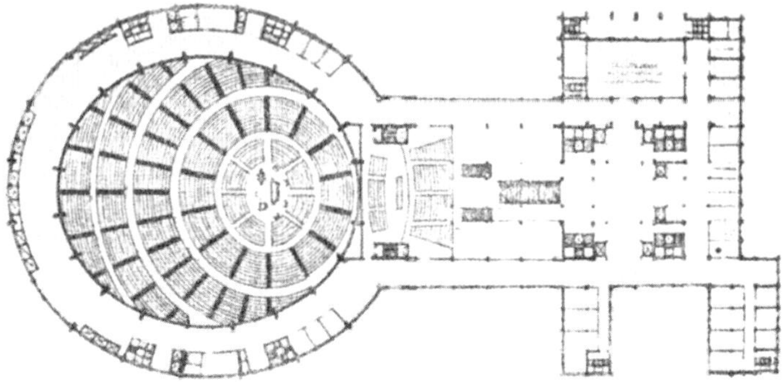

Planta

Irmãos Viesnin, "Palácio do Trabalho", 1923

faixas etárias da massa trabalhadora possam descansar e relaxar depois de um dia de trabalho, onde possam renovar sua carga de energia. Ali, crianças, adolescentes, adultos e idosos devem ser educados fora do âmbito familiar para serem pessoas coletivas e capazes de ampliar seus interesses. A tarefa dos clubes é tornar o homem livre, e não oprimi-lo, como antigamente, por meio da Igreja e do Estado.

Seria uma atitude míope pensar que tal construção será inventada de repente por um arquiteto "genial". Exigimos do arquiteto soviético que ele, como artista, usando a força de seu intelecto sensorial e indo além da massa míope em relação ao próprio crescimento, compreenda completamente e reforce os mais silenciosos movimentos das ondas de energia em desenvolvimento, a fim de recriá-los na forma de construção.

Mostramos aqui o projeto de um clube que foi planejado como centro de um assentamento. Ao longo dos dois principais diâmetros perpendiculares do estabelecimento, encontram-se os locais de reuniões e de serviços. O grande salão do teatro e os auditórios menores são posicionados radialmente. O todo se eleva em diferentes níveis e se concentra em torno do eixo vertical.

A sugestão, a seguir, traz uma ampliação da tarefa.

A área do grande parque é organizada de maneira que os locais abertos, meio e completamente fechados formem uma unidade adequada à proposta da vida no clube. Este deve se tornar um espaço de reuniões no qual o indivíduo não só se dispersa na massa para armazenar nova carga de energia, mas pode também, ao mesmo tempo, participar de grupos menores, a fim de realizar atividades especiais. Formam-se, assim, locais organicamente menores ou maiores dotados de uma nova relação espacial. Aqui, termas, conventos ou salões de teatro não podem servir de modelos. Fica claro que devem ser construídos locais transformáveis, que permitam as mais diferentes maneiras de utilização e movimentação. É decisivo, para o clube, que a massa tenha autonomia, que não venha de fora somente para se divertir e que consiga realizar seu melhor desempenho.

I. Lamtsov, projeto para um clube, plantas

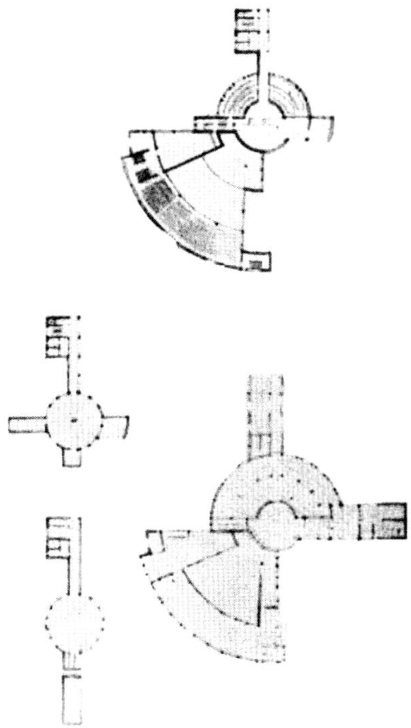

Ateliê Lissitzky (Vkhutein),
clube para vila

K. Mielnikov, clube em Moscou

J. Léonidov, instalações de um clube

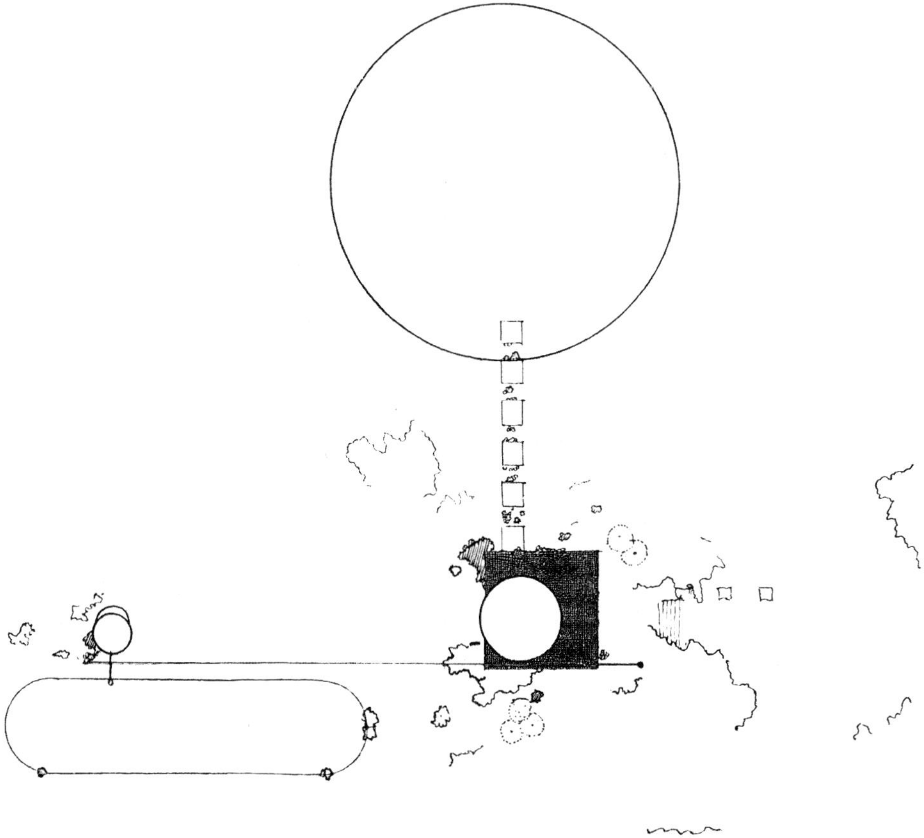

O clube tem a tarefa de criar a academia da cultura. Se a habitação privada busca parecer a mais austera possível, na habitação pública o maior luxo deve ser acessível a todos. O termo "reconstruir" não se aplica a essa tarefa, porque não há no passado nenhuma construção que possa ser considerada sua predecessora em seu significado social. Na aparência interna e externa do novo clube, deve ser expressa nossa visão do estilo intelectual e da estética do homem social.

ESPORTE, ENTRE OUTRAS COISAS

A unificação da educação intelectual e corporal liga intimamente as instalações esportivas aos clubes. A nova sociedade quer uma geração forte, pois a força é sinal de otimismo e alegria de viver. Por isso, a "educação física" é um fator também importante de toda a cultura social. Nós não atribuímos importância central ao "recorde esportivo", mas à "educação física", ou seja, à cultura do corpo.

Todos os sindicatos possuem instalações esportivas. O maior complexo de todos está surgindo na periferia de Moscou, nas margens do belo rio Moscou: sobre as "Colinas de Lênin", na margem direita elevada, na plana margem oposta. Mostramos aqui um dos projetos mais interessantes: as instalações esportivas na margem esquerda plana, que resultam num imenso semicírculo devido a uma curva do rio. A parte principal das instalações é um autódromo colossal.

A forma do autódromo é determinada pelo semicírculo do terreno e pelas vias de trânsito. No interior e exterior do autódromo, há uma série de estádios. A margem é transformada em aeródromo. O mais característico e marcante desse projeto é a conformação da tribuna, uma poderosa construção em concreto armado, como uma mísula. Embaixo está o autódromo. Seguem-se espaços que, partindo de um caminho isolado, foram pensados para corridas de motos e bicicletas. Acima deles se elevam outros locais, que voltam a se curvar na direção da mísula, a qual se projeta para frente e onde estão suspensas cinco fileiras de cabines fechadas.

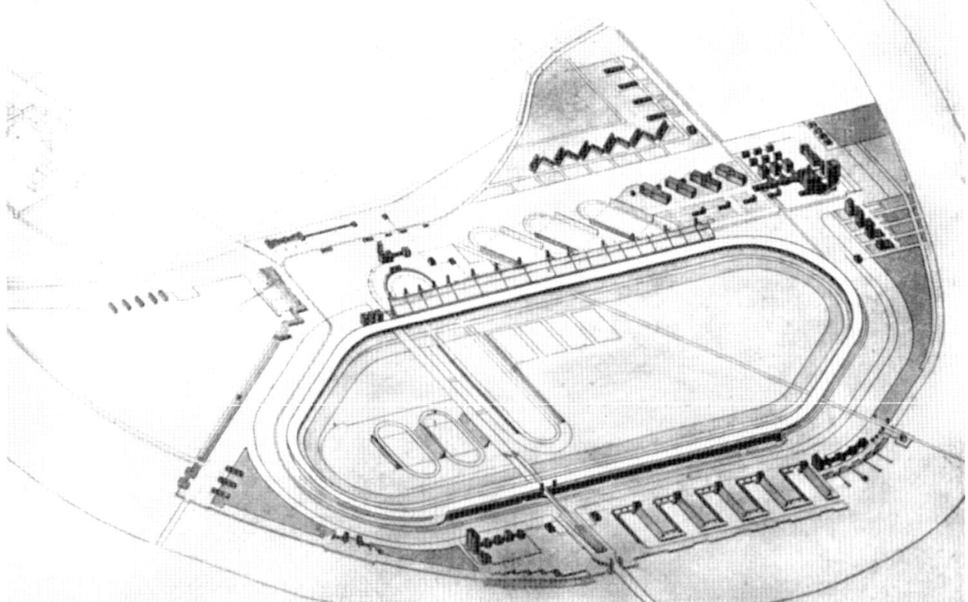

M. Korjev, estádio
para Moscou

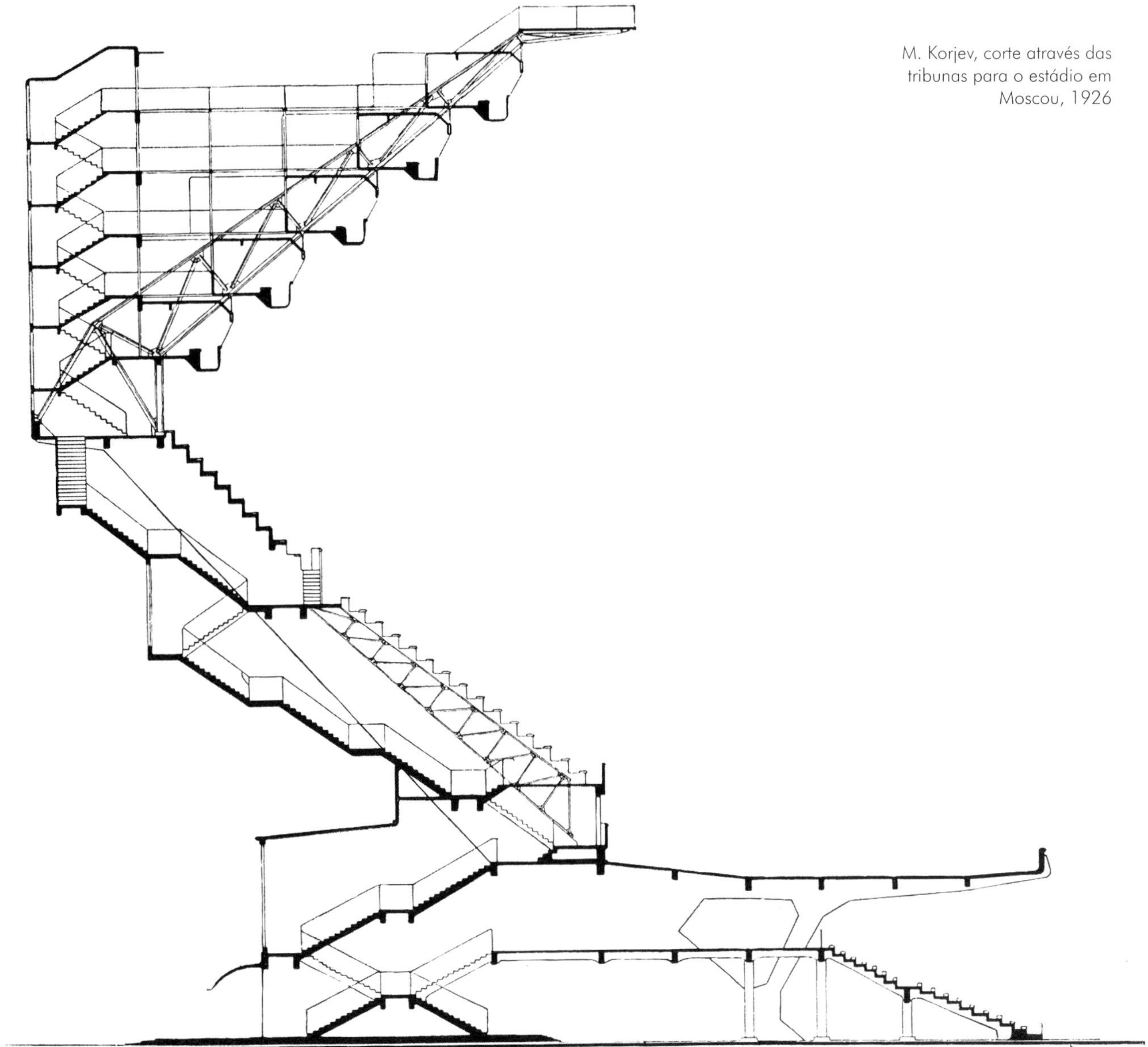

M. Korjev, corte através das tribunas para o estádio em Moscou, 1926

Essa forma angular da tribuna tem uma vantagem dupla:

1. A distância da última fileira é apenas um pouco maior que a das primeiras;
2. A metade mais alta dos lugares funciona como um telhado que protege os mais baixos.

Nesse complexo esportivo, elementos estruturais e formais são conscientemente integrados. Na margem direita, ao pé das "Colinas de Lênin", o grupo de Asnova, sob a coordenação de Ladóvski, trabalhou nos projetos de instalação dos estádios para a "Internacional Desportiva Vermelha".

As instalações para a higiene corporal são peças de grande importância para a "educação física". O banho tem um caráter específico na Rússia, sendo a vapor. O vilarejo solucionou a tarefa de maneira simples: elevou-se, ao lado do poço, uma pequena cabana com um grande forno. Esse espaço comum de sauna a vapor melhorou os banhos da cidade. Foram construídas também piscinas de verão flutuantes nos rios, como se fossem piscinas abertas; e foram utilizados os grandes balneários da *riviera* russa, que ocupam um terço de toda a costa do Mar Negro, da Crimeia a Batumi. Antigamente, esses balneários eram acessíveis apenas à classe de proprietários. Hoje, toda a costa foi declarada local de lazer popular e ali se constrói muito, proporcionalmente ao grande afluxo de pessoas. Nesses locais, devem-se integrar dois contrastes: o crescimento livre, orgânico, da natureza — esta unidade de pedras, plantas e águas —, em contraposição à unidade construída pelo homem. Tudo isso deve ser coordenado segundo a compreensão e o sentimento do nosso tempo.

O que surge pode ser dividido em duas concepções fundamentais:

1. A ordem única, ditada diretamente para o todo;
2. A ordem orgânica, ageométrica, atrelada ao desenrolar interno do crescimento.

Um bom exemplo pode ser visto na costa do Mar Negro.

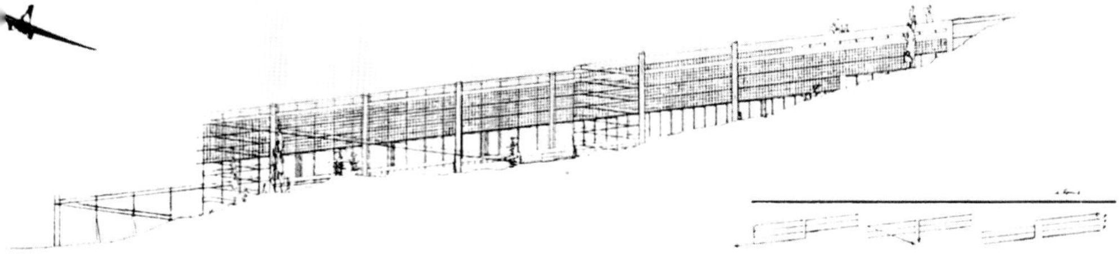

Afanássiaev (Vkhutein),
Hotel-sanatório

A construção foi planejada com a mesma inclinação que a margem, com um corredor de 200 metros, ao longo do qual ficam as células residenciais — ordem geométrica. Agora, planeja-se construir, ao lado da sólida construção principal, um sistema de células residenciais facilmente estruturáveis, necessário apenas na temporada de banhos, que possa ser montado em diferentes lugares, de acordo com o desejo pessoal. Uma célula-padrão para cada indivíduo ou família, fácil de montar. No lugar onde o sistema será montado, cada um escolhe o espaço adequado para a sua célula. Cria-se a unidade de um acampamento. Somente onde o público está bem provido há mecanização moderna. Assim, procura-se a síntese da liberdade individual e da coletividade.

Apresentamos uma solução para um balneário municipal.

Esse local circular foi projetado para ser um grande jardim. Do lado de fora, chega-se diretamente ao telhado plano — o solário. No centro, fica a piscina, coberta por uma cúpula de vidro, que pode ser aberta no verão. No círculo, que está rebaixado a dois metros de profundidade (por economia), ficam os banhos masculinos à direita, e os femininos, à esquerda.

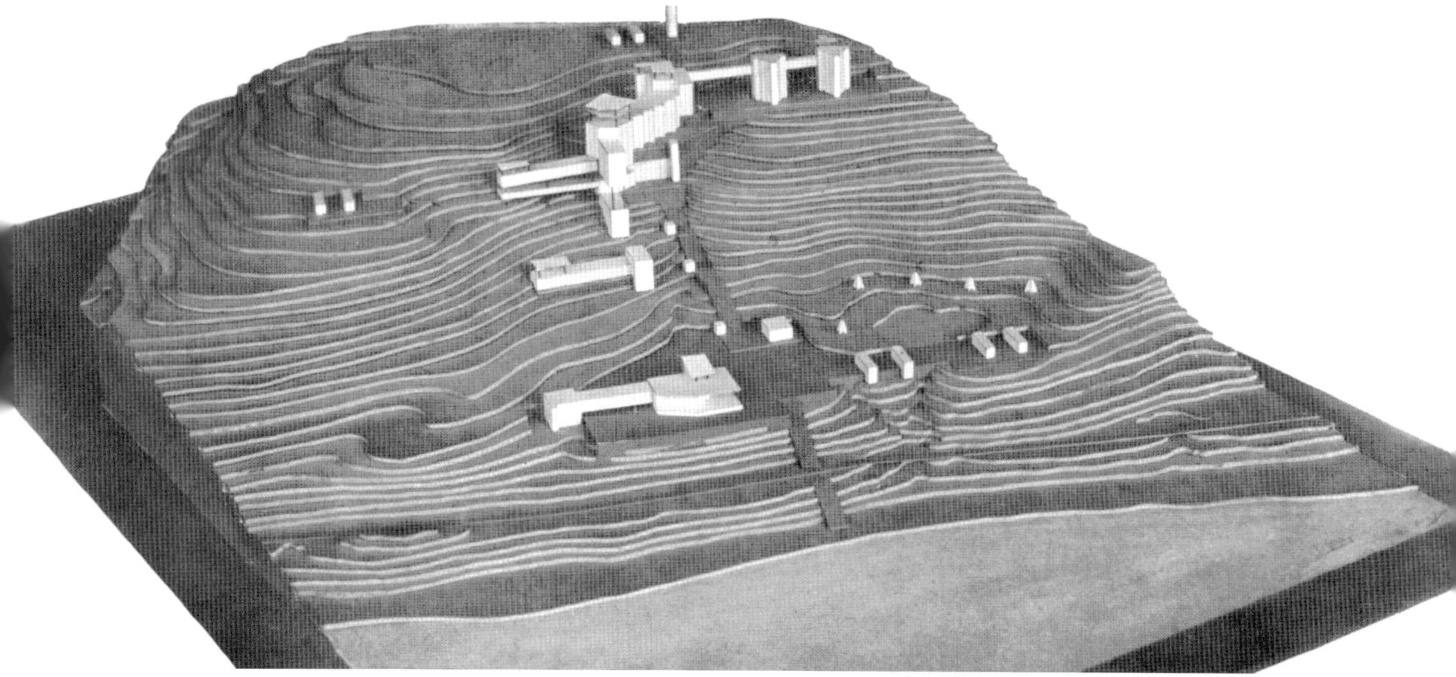

Bunin (Vkhutein), hotel-sanatório
no Mar Negro

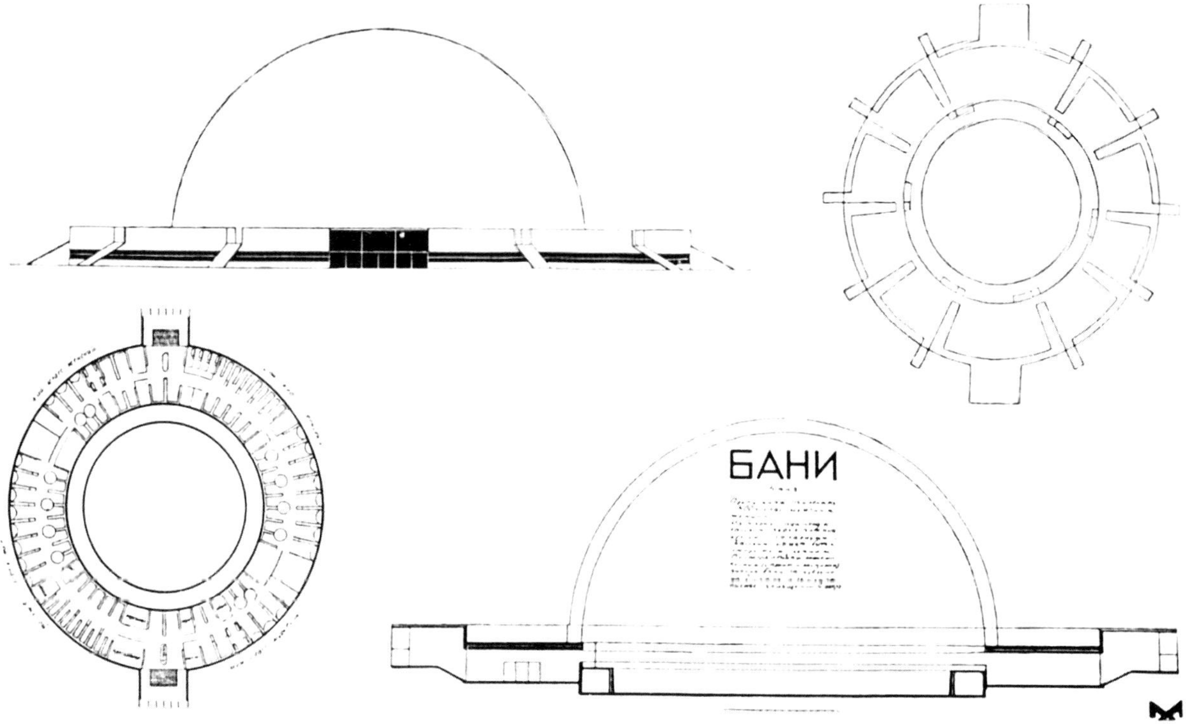

Ateliê A. Nikolski, balneário
para Leningrado

Ateliê A. Nikolski, balneário

VELHA CIDADE — NOVAS ESTRUTURAS

A nova ordem social se torna realidade em um país agrário. Herdamos cidades, de Moscou a Samarcanda, de Novosibirski a Alma-Ata, que têm níveis culturais muito diferentes. Nessas cidades, as construções, feitas de acordo com a cultura feudal, têm de servir a funções totalmente novas. As ruas e praças tiveram de lidar com um ritmo bastante diferente do tráfego dos dias de semana e criar novas possibilidades para os feriados. Até hoje, ainda não houve tempo para tratar desses problemas urbanos fundamentais. Seriam necessárias, antes de mais nada, salas para os escritórios da economia centralizada e para os edifícios dos governos das novas Repúblicas Autônomas, entre outras coisas.

Uma série desses prédios surgiu em Moscou (Central de Comércio Estatal), em Khárkov (Palácio da Indústria do Alto Conselho Econômico) e em Novosibirski, a "Chicago" siberiana. São edifícios de escritórios modernos, construídos em concreto armado, com cantiléveres, e grandes superfícies de vidro. Esses novos corpos, com sua enorme massa, são mais um documento do novo desejo do que da nova forma. Eles são despojados, os volumes são claros, estereométricos, e a antiga fachada monumental se transforma em faixas horizontais de concreto e vidro. A estrutura de ferro das janelas é a única divisão rítmica da parede. Em cada construção, pontos de observação criam novas impressões espaciais.

Mas tudo isso é parte do passado. Os edifícios se elevam, como antes, na fronte corrente da rua, como se continuassem existindo terrenos individuais de proprietários privados. Ainda não há indícios de que haja um novo direito do solo. Nas construções feitas até agora, ainda não se nota nenhum sinal da nova concepção da rua pública, da cidade como espelho das relações entre novos contextos, a partir das quais podem ocorrer outras distribuições da massa e dos espaços, mesmo nos antigos edifícios urbanos.

Essa nova atitude social em relação às tarefas estimulou algumas novas sugestões. Surgiram edifícios que interferem no corpo urbano de forma reorganizadora do todo.

Apresentamos, aqui, o projeto para o edifício do governo em Alma-Ata, centro da República Autônoma do Cazaquistão, cidade localizada nas profundezas da Ásia, mas planejada por europeus. Esse novo complexo arquitetônico público conferirá caráter e planejamento ao futuro sistema de praças e vias dessa cidade.

Um outro exemplo é um prédio escolar para mil crianças (Ateliê A. Nikolski). Não é uma construção de vários andares em uma rua fechada qualquer. Ela, em si, é praticamente um bairro. A origem: nova pedagogia, higiene, economia.

1. Edifício plano (um andar), que permite melhor iluminação em um plano fechado;
2. Salas de aula (padronizadas) fáceis de serem distribuídas por faixas etárias;
3. Corpos administrativos (refeitório e administração) que podem ser utilizados separadamente;
4. Laboratórios e oficinas isolados das salas de professores e de aula;
5. Ponto nodal do estabelecimento: sala de reuniões com palanque baixo, que pode também ser utilizada como salão esportivo.

Economia:

1. Sem escadas;
2. Sem andaimes.

As grandes instituições da Comissão de Planejamento Urbano, a concentração da administração, os escritórios de planejamento de

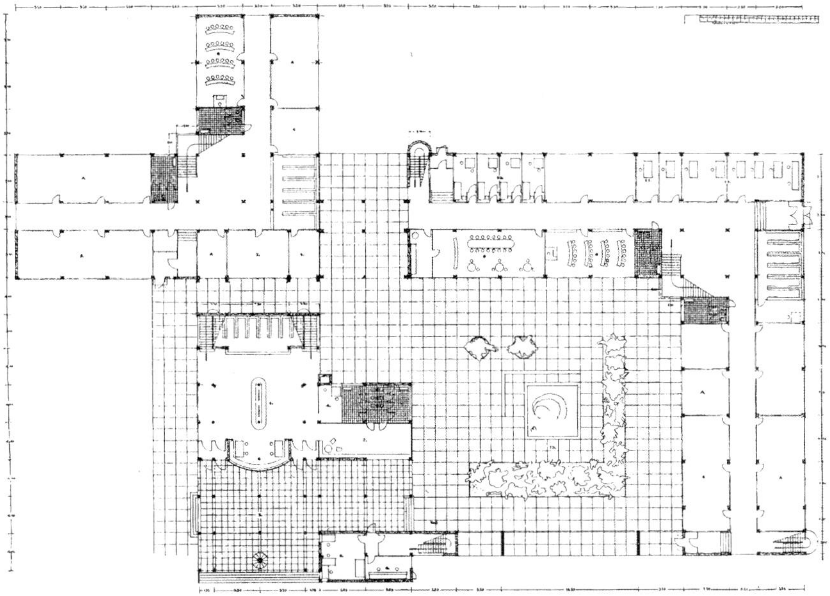

M. Guinsburg, edifício do governo em Alma-Ata, planta

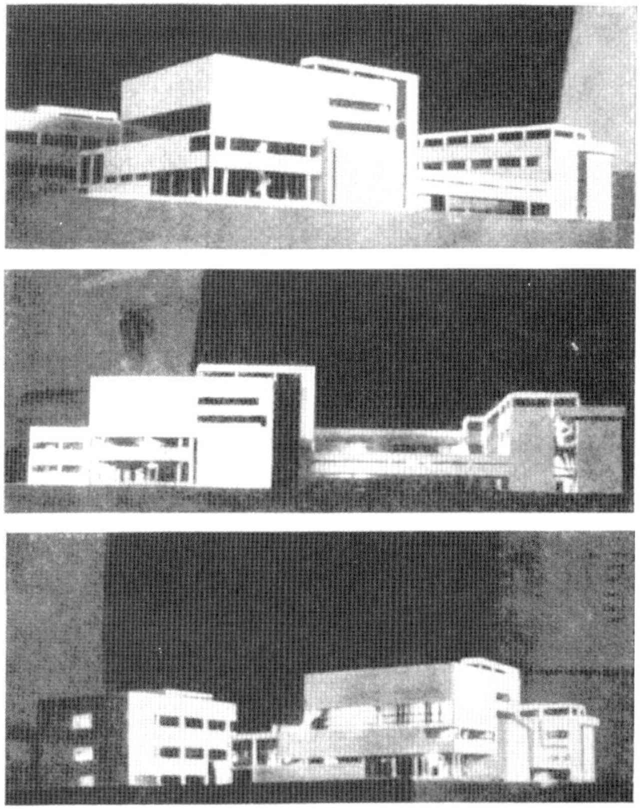

M. Guinsburg, edifício do governo para Alma-Ata, diversas visões

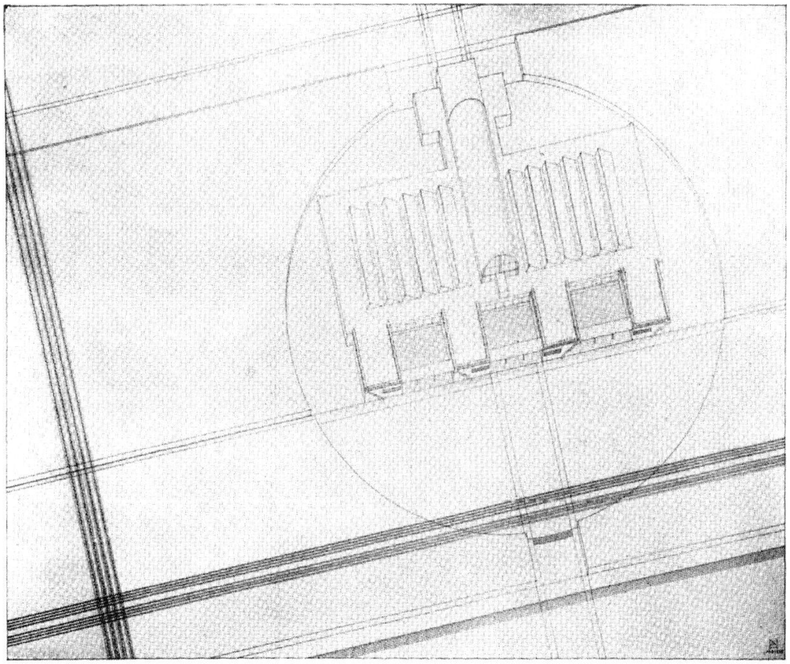

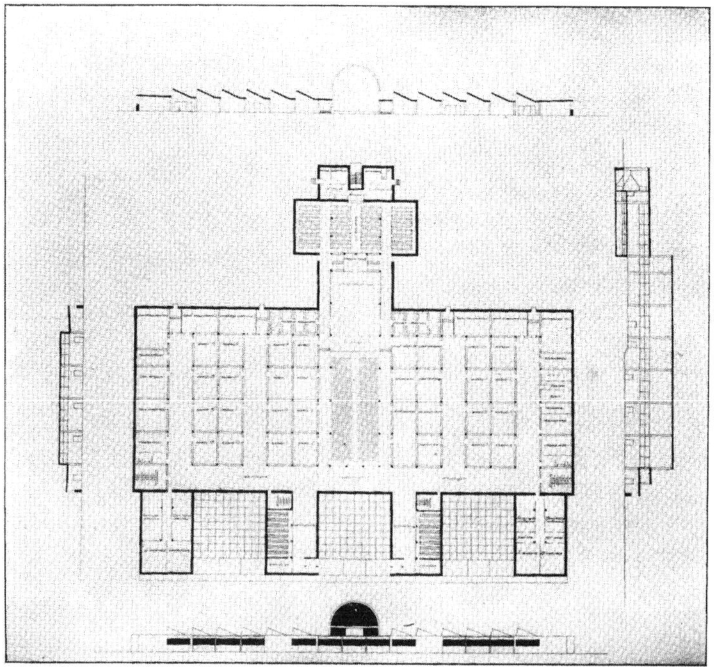

Ateliê A. Nikolski, escola para mil crianças

toda a industrialização do país exigem edifícios de escritório bem diferentes.

O edifício da Administração Central da Indústria, a seguir, é também um exemplo dos novos conceitos. O círculo forma uma faixa de trânsito na altura do primeiro andar; embaixo, o local inteiro é livre e possui apenas as entradas para os escritórios de cada setor industrial, distribuídos entre os diversos edifícios. Na torre principal fica a direção geral e, adjacente a ela, o clube dos funcionários com seus salões comunitários. Aqui surge, oriunda da forma geométrica elementar, a orientação mais simples.

A Cooperativa de Consumo da União Soviética abriu um concurso para a escolha do construtor do seu edifício administrativo. O projeto que apresentamos se baseou em novos pontos de vista. Até então, as partes do edifício dedicadas a diferentes necessidades sempre foram concatenadas de modo que a linha da construção ao longo da calçada ficasse totalmente ocupada, fazendo surgir fachadas mais ou menos interessantes.

Nesse projeto, a fachada oclusa está voltada para a rua. Os locais de trabalho ficam afastados dela, em uma parede longitudinal que faz frente para o jardim. Ao longo da rua, estende-se apenas o pequeno edifício de exposições. O grande edifício é estruturado de forma que as entradas fiquem situadas embaixo e, sobre elas, o vestíbulo onde o trânsito se distribui, o guarda-roupas. Mais acima, estão os andares de escritórios e, bem no alto, os salões do clube, que podem ser acessados diretamente de fora pela torre do elevador. Uma solução clara, segura e antiacadêmica.

Criar um edifício de escritórios adequado às exigências dos novos tempos e baseado na realidade do velho sistema urbano moscovita foi a ideia básica do *Wolkenbügel*.[4] Moscou tem uma estrutura urbana central com bulevares circulares e ruas principais radiais (que partem do Kremlin). A construção foi projetada em função dos cruzamentos das

4. O nome, que poderia ser traduzido como "arco de nuvens", remete à expressão alemã para arranha-céus: *Wolkenkratzer*. [N.T.]

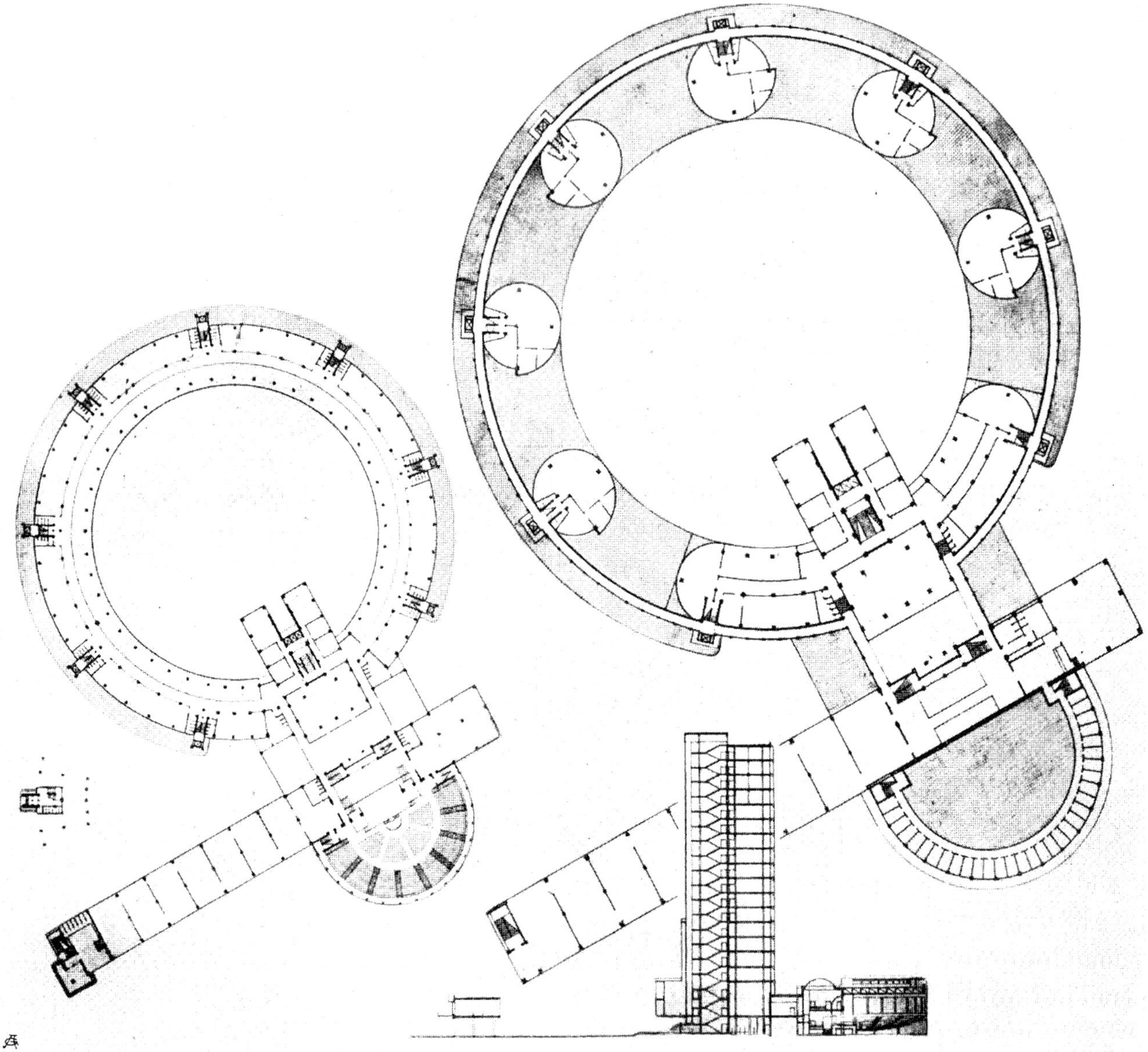

A. Siltchenkov (Vkhutein), edifício
de escritórios da Administração
Central da Indústria

A. Siltchenkov, edifício de escritórios da Administração Central da Indústria

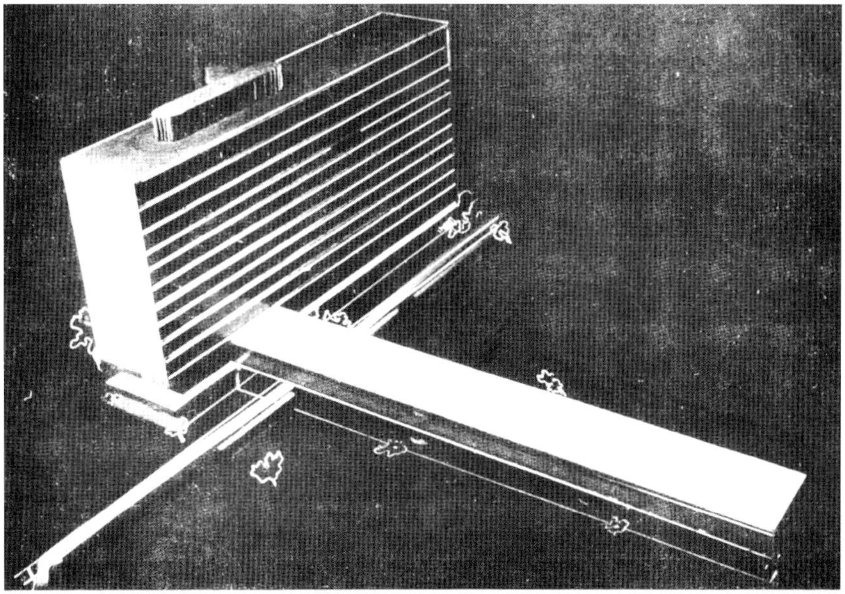

J. Léonidov, edifício de escritórios da União das Cooperativas de Consumo

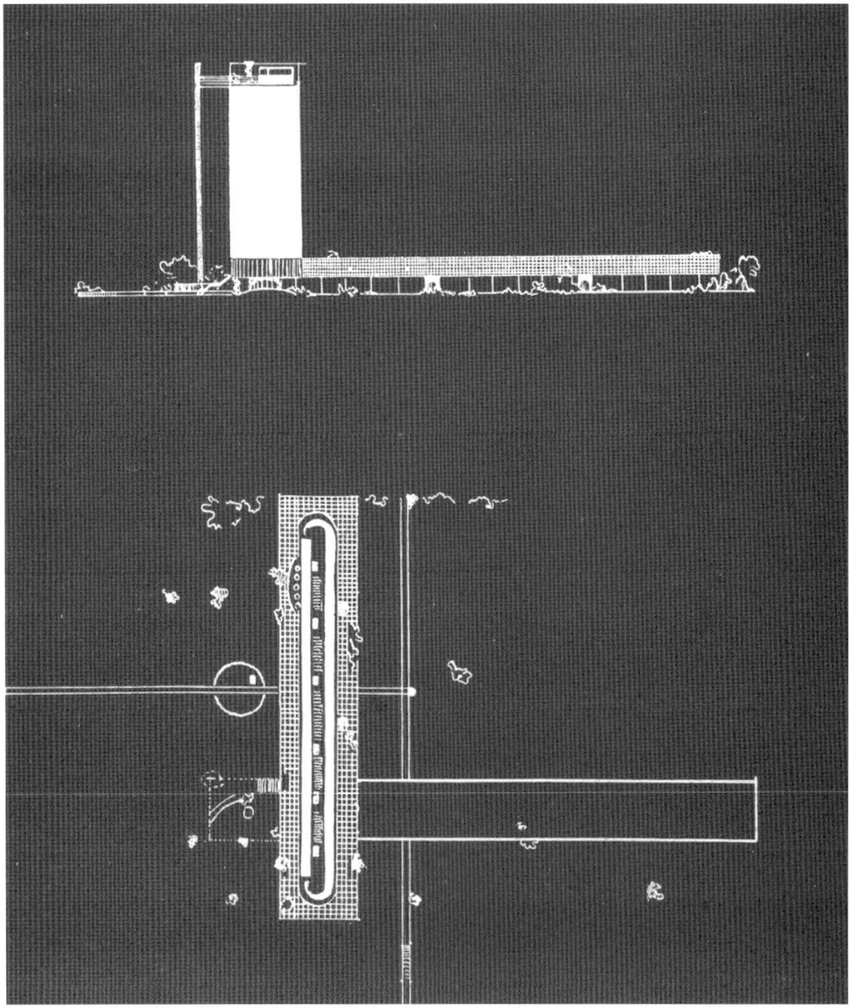

J. Léonidov, edifício de escritórios da União das Cooperativas de Consumo

B. Velinóvski, Gostorg

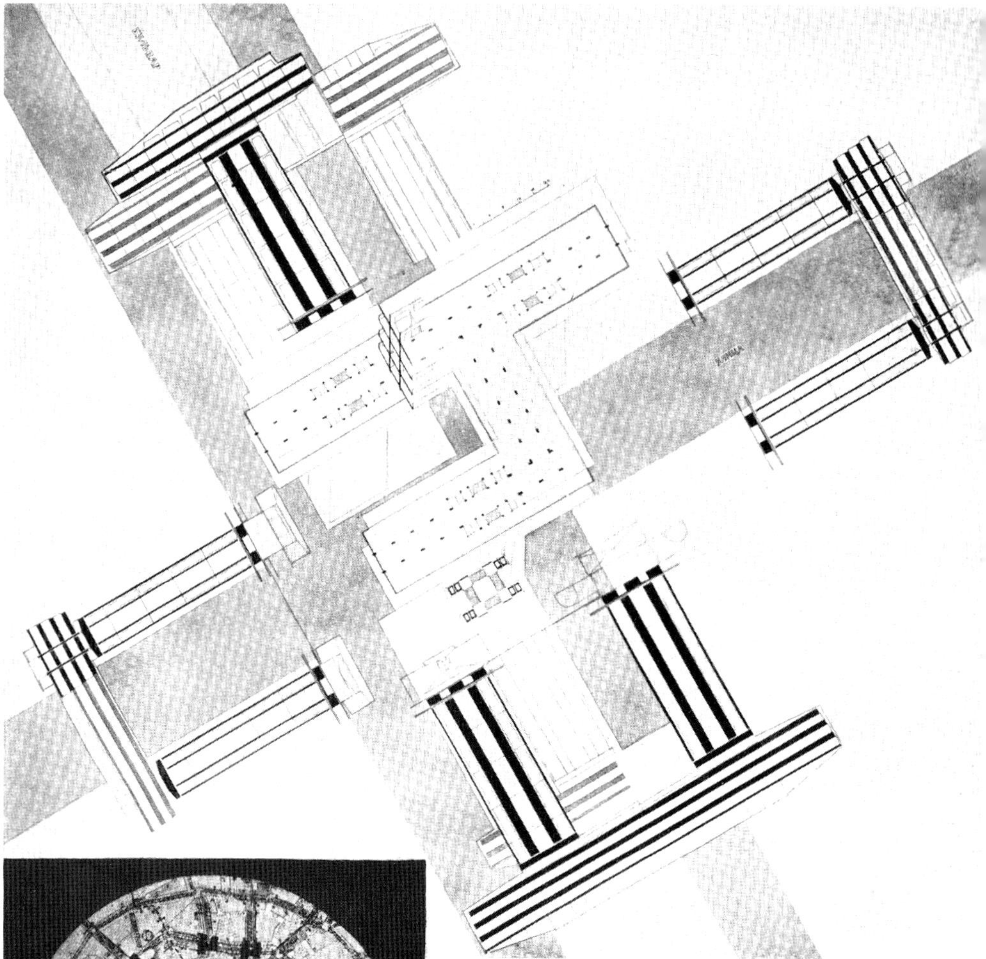

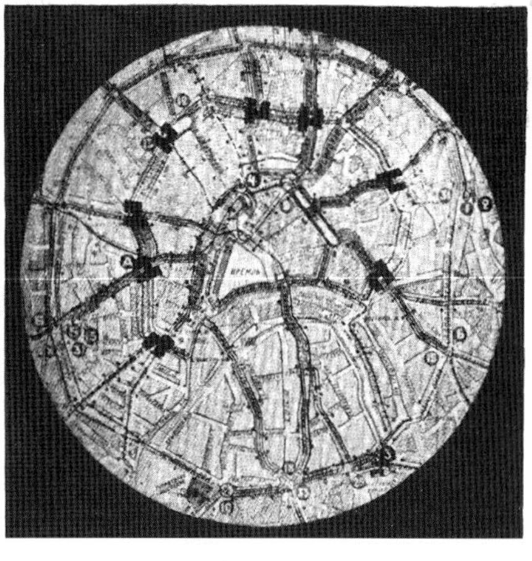

El Lissitzky, o *Wolkenbügel*, 1924

Moscou, centro da cidade com o *Wolkenbügel* na primeira orbital ruas radiais e bulevares, onde há um tráfego intenso. Todo o trânsito do edifício flui verticalmente por meio de elevadores e se redistribui de forma horizontal.

Em comparação com o sistema norte-americano de edifícios adotado até então, a novidade consiste em que o horizontal (o útil) fica claramente separado do vertical (do suporte, do necessário). Com isso, a parte interna ganha a visão do todo, necessária a um prédio de escritórios, que também é determinada pela construção. Na parte externa, desponta uma estrutura espacial de diversidade elementar em todas as seis direções.

O conhecimento necessário para realizar esse tipo de construção, assim como toda a organização científica do trabalho e da empresa, já foi desenvolvido em vários países. Vemos também, nessa área, amplas possibilidades para o nosso sistema social; mas a reconstrução apresenta suas exigências.

RECONSTRUÇÃO DOS EDIFÍCIOS INDUSTRIAIS

No plano geral da arquitetura social dos próximos cinco anos, a industrialização dispõe da parte principal do orçamento. Bilhões serão concedidos à indústria. Nós devemos ter paciência, pois os resultados dessa reconstrução surgirão apenas nos próximos anos. Nesse planejamento, também está contemplada a reconstrução da agricultura imemorial e indolente. Um novo conceito foi criado: a fábrica de grãos. A máquina, o trator, a ciência irão para o campo, e serão cultivados trechos de terra nunca tocados de 100 mil acres. Daremos um salto semelhante à passagem da roca para a moderna indústria têxtil. A única diferença é que essa fábrica se localiza na natureza, tendo, portanto, uma ligação ainda mais estreita com o assentamento. Com isso, coloca-se ao arquiteto o problema do novo povoado.

Serão construídas várias novas instalações industriais, mas o que o arquiteto tem a ver com isso?, perguntam os senhores.

A indústria moderna é um agregado, uma máquina sintética construída a partir de várias máquinas isoladas. O planejamento dessa unidade é tarefa do engenheiro. Ao arquiteto, resta apenas projetar um invólucro para elas.

Essa concepção, aparentemente consequente, esquece, todavia, do homem, da comunidade humana, e privilegia a máquina. O trabalho para a comunidade não pode ser contabilizado em cifras, e nesse balanço devem ser incluídos componentes psicofísicos.

Em nosso país, a fábrica deixou de ser um odiado local de exploração. O trabalho é para nós a mais nobre ocupação do homem. O conceito "palácio do trabalho" que introduzimos em nossa língua se refere, na verdade, à fábrica. O salário e o ganho material não podem ser o único incentivo à produtividade — uma nova força psíquica tem de ocupar o lugar da concorrência capitalista. A livre rivalidade socialista, a concorrência das fábricas, das oficinas e dos grupos profissionais entre si se transformaram nesse estímulo.

O projeto arquitetônico dos novos locais de trabalho é um fator ativo nesse processo. A fábrica, devido à sua organização exata do tempo, ao seu ritmo de trabalho, ao envolvimento de cada um em uma grande responsabilidade coletiva, tornou-se um verdadeiro local de educação, a escola do novo homem social. As nossas maiores reuniões são realizadas nas fábricas. Nos intervalos do trabalho, são organizados teatros e concertos nas grandes oficinas. Com isso, a fábrica torna-se o ponto central de socialização da população urbana. Sua arquitetura, portanto, é muito mais do que apenas invólucro para um complexo de máquinas.

A NOVA CIDADE

O desenvolvimento social anula a oposição cidade-campo. A cidade pretende invadir a natureza até seu centro e elevar o nível cultural do campo por meio da industrialização.

A cidade de hoje não consegue mais cumprir as exigências que lhes são impostas. As condições pelas quais as cidades se desenvolviam originalmente já se extinguiram há muito tempo, e nós moramos num invólucro paralisado.

A concepção das cidades antigas é determinada por:

1. Comércio, vendas, cidades comerciais e mercantes;
2. Proteção e defesa (guerra, ataque) — burgo, campo romano.

Surgem, com isso, as cidades concêntricas e as com ruas em forma de grade.

Hoje, os antigos sistemas devem satisfazer a todas as novas necessidades possíveis. Duas vezes por dia, a cidade vive sua vazante e sua cheia. O problema principal será o trânsito. Este, porém, se transforma cada vez mais em uma questão de tempo, e não de espaço. As vias urbanas devem ligar todas as regiões da cidade já estruturadas: núcleos de comércio e administração, área cultural, região industrial e área residencial. A infraestrutura social dessa divisão torna-se agora completamente diferente. Os setores de organização e planejamento devem tratar esse problema de forma global, segundo nosso ponto de vista. Apenas conhecimentos especializados, mesmo os melhores, não vão ajudar. Tudo aqui deve ser iniciado com ampla visão e grande habilidade.

Examinamos duas forças fundamentais para a solução do novo problema urbano:

1. A estrutura social da sociedade, cujo processo de vida tem sua mais forte expressão no novo corpo urbano;
2. O nível técnico, do qual depende a concretização das novas ideias.

A partir daí, devem ser desenvolvidos:

a) Os tipos de formação urbana, sua estrutura anatômica;
b) Os distritos nos quais cada uma das regiões sociais se cristaliza;
c) A configuração, segundo as novas peculiaridades sociais e psicofísicas, das construções e dos espaços surgidos dessa maneira.

Alguns projetos desse tipo já estão sendo discutidos. Por serem as primeiras tentativas de abordar o tema de algum ponto de vista, eles são mais teóricos. O que essas plantas têm em comum é que planejam as cidades para o estágio final do período atual de transição para o socialismo. Todo o planejamento está previsto para as áreas planas. Essas comunidades já não têm divisão de classes.

A planta (a-d) mostra a concepção de uma cidade grande como centro intelectual e regulador de uma região. O projeto parte do pressuposto de que, na sociedade futura, o principal catalisador da vida não será a concorrência, mas a livre competitividade.

Três estradas intermunicipais levam à estação ferroviária central e ao aeródromo. No núcleo público, de localização central, onde decorre a vida comunitária, situam-se as instalações esportivas e de lazer. Nos setores entre duas linhas centrais de trânsito, encontram-se três áreas da cidade:

1. O centro de administração e regulamentação (centro intelectual);
2. O centro de produção;
3. O centro de educação.

Parte-se do pressuposto de que a população da cidade está em constante movimento: as pessoas vêm de fora, do campo, e depois retornam. Na própria cidade, ninguém mais tem uma única e mesma ocupação. As pessoas mudam de cidade ou região de acordo com seu trabalho.

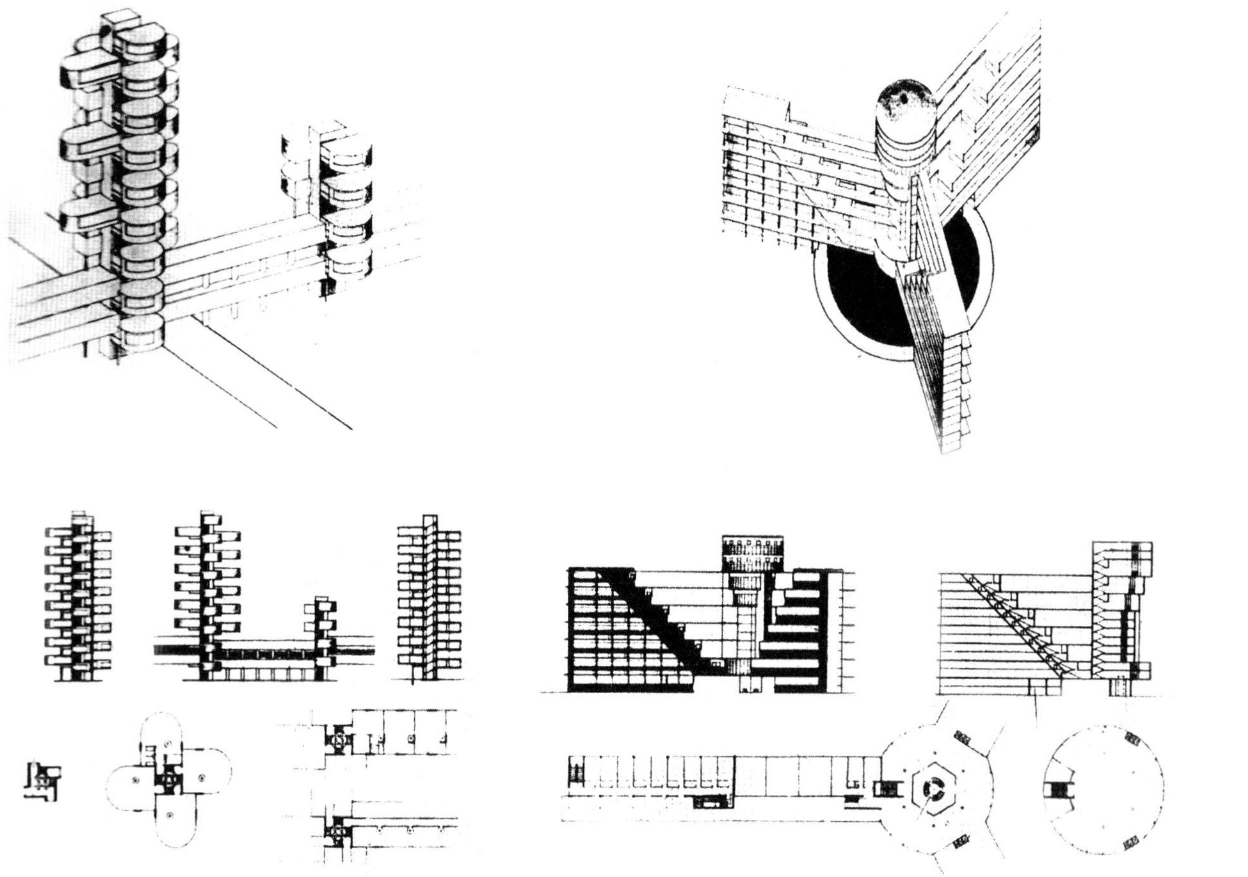

T. Varentsov, sistemas habitacionais na cidade do futuro

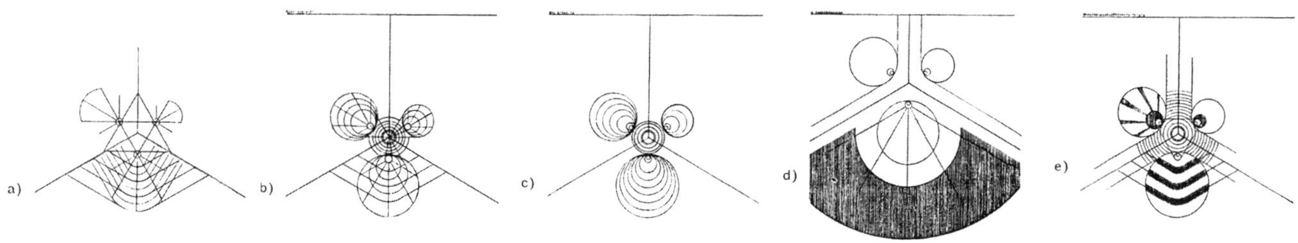

Varentsov (Vkhutein), modelos para o projeto da cidade do futuro

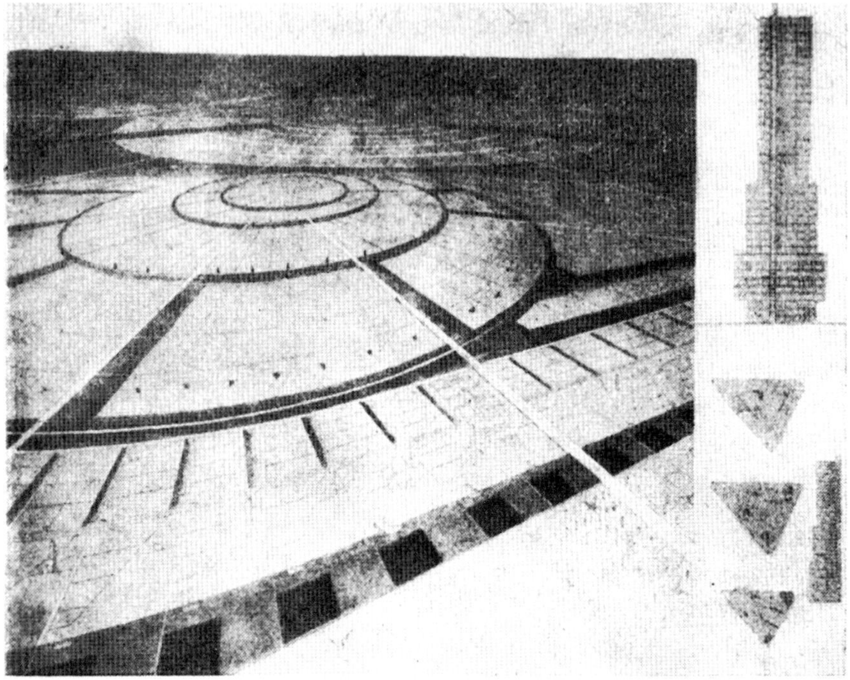

T. Varienzov (Vkhutein),
cidade do futuro

A infraestrutura da cidade parte de três pontos nodais, que permanecem excentricamente fixos enquanto a cidade continua a crescer. A excentricidade é consequência do:

1. Crescimento adequado ao espaço geográfico;
2. Tráfego através das vias elevadas, que se deslocam em círculos.

A cidade possui mais de 100% de áreas verdes. Nos edifícios residenciais e comunitários de diferentes alturas há jardins em proporções diversas.

As construções são pensadas, segundo sua função, como edifícios-padrão. Na área de regulamentação, temos, portanto, edifícios de escritórios e dois tipos diferentes de edifícios residenciais:

1. A habitação individual, onde se pode morar à parte do local de trabalho;
2. Os complexos, nos quais a comunidade se encontra para realizar atividades, que reúnem local de trabalho, clube, restaurantes e habitações.

Conhecemos, hoje, dois polos: a cidade grande como concentração da indústria e o povoado em torno do qual se distribui a produção agrícola. Ambos são possíveis nesse sistema urbano. A região pode ter tanto o primeiro projeto — nas faixas parabólicas do desenho estão incluídas as instituições técnicas produtoras — como o segundo, em que a terra cultivada é o local de produção de alimentos.

O conceito se baseia nos recursos técnicos que já temos à disposição, e neles fundamenta suas sugestões. Como tudo isso deve ser construído de uma vez, segundo um plano definido, a sugestão pode parecer fantasiosa. Nos dias de hoje, porém, já são planejadas e construídas novas cidades de uma vez, como, por exemplo, Camberra, a nova sede do governo australiano.

Nós ainda chamamos a atenção para o projeto da "Linienstadt" (cidade linear), estruturado com base no sistema de Charles Gide. Toda a cidade é uma única rua, uma coluna vertebral cujas vértebras formam os blocos de moradias.

Apresentamos, aqui, o esboço de duas cidades antigas que são ligadas uma à outra por uma cidade linear. Nessas questões de planejamento urbano, assim como em qualquer problema futuro, a realidade também superará as mais ousadas profecias. Hoje, não são debatidos detalhes, mas a atitude básica em relação ao caráter arquitetônico e ao tipo de estrutura. Trata-se de "geometria" ou "organicidade", do estado social da sociedade humana para a qual se cria. Se ela está em conflito anárquico consigo mesma, de modo que uma organização é o único elemento de coesão, então a "geometria" é o mais correto e conveniente. Se a comunidade, no entanto, é um organismo vivo do qual cada indivíduo é parte inseparável e incapaz de subsistir sozinho, então percebemos nela a base para o desenvolvimento de uma nova ordem urbana. Por meio de uma seleção, deve-se esclarecer o núcleo dos sistemas urbanos, núcleo este que, inserido em um determinado espaço, crescerá de modo orgânico.

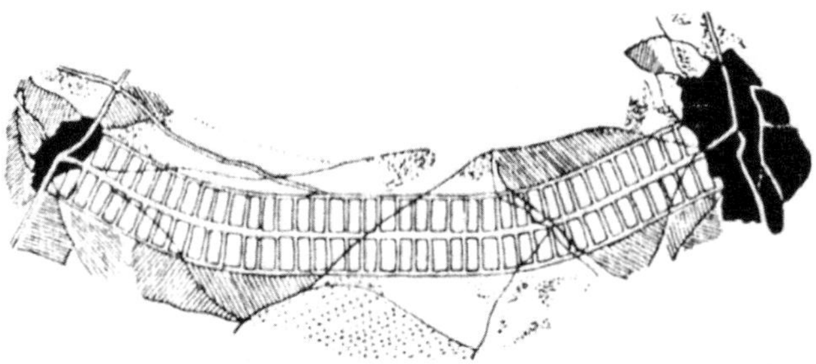

Modelo de duas cidades antigas ligadas uma a outra por meio de uma "cidade linear"

FUTURO E UTOPIA

Hoje, precisamos ser muito objetivos, muito práticos e nada românticos para podermos alcançar e ultrapassar o resto do mundo. No entanto, sabemos também que não basta apenas ter o melhor *business* para atingir um nível cultural mais alto. Esse próximo nível cultural é a concentração de todo material vivo: a capacidade produtiva humana, a força criativa, como a mais valiosa fortuna do homem. E isso não para obter benefícios individuais, mas para criar obras que pertençam a todos. Temos certeza de que é possível a adequação de uma técnica às tarefas impostas se observarmos apenas os feitos realizados durante a curta existência de nossa própria geração. Uma de nossas ideias para o futuro é superar a fundação, o elo com a terra. Desenvolvemos essas formulações em diferentes projetos (*Wolkenbügel*, tribunas do Estádio, garagem em Paris).

Essa tarefa também é imposta ao projeto para o Instituto Lênin nas colinas que levam seu nome, em Moscou. O complexo arquitetônico compõe-se de uma torre (biblioteca para 15 milhões de livros), construções térreas com salões de leitura e trabalho, uma construção esférica (elevada no ar) com auditório central para 4 mil leitores. É dividido em setores, e a esfera pode ser utilizada como planetário. O instituto é ligado à cidade por uma via que passa sobre o rio.

A função da técnica é assegurar estaticamente esses volumes elementares que criam novas relações e tensões no espaço.

Superar a fundação, o elo com a terra, é algo ainda mais amplo e requer que se vá além da força gravitacional. Exige o corpo flutuante, a arquitetura físico-dinâmica.

El Lissitzky, 1924, o *Wolkenbügel*

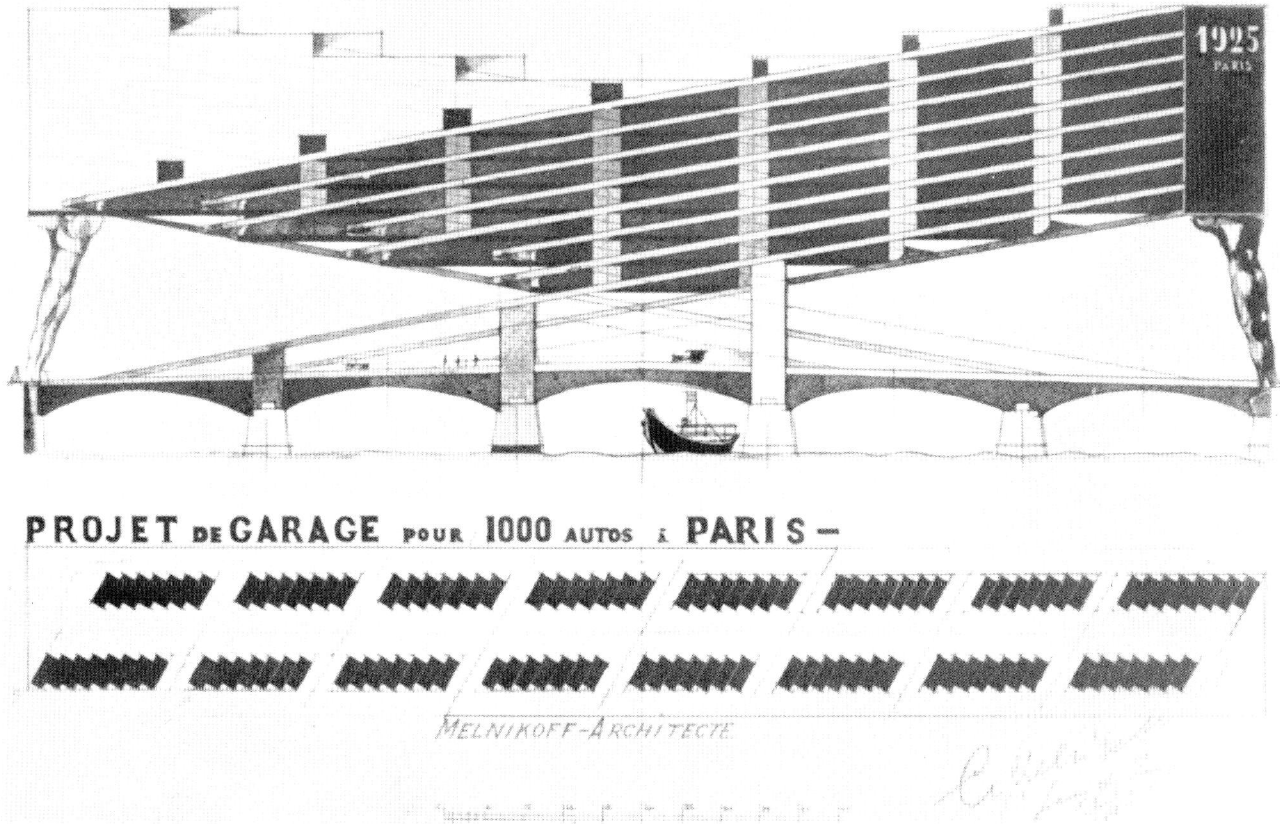

K. Mielnikov, esboço de uma grande garagem para Paris

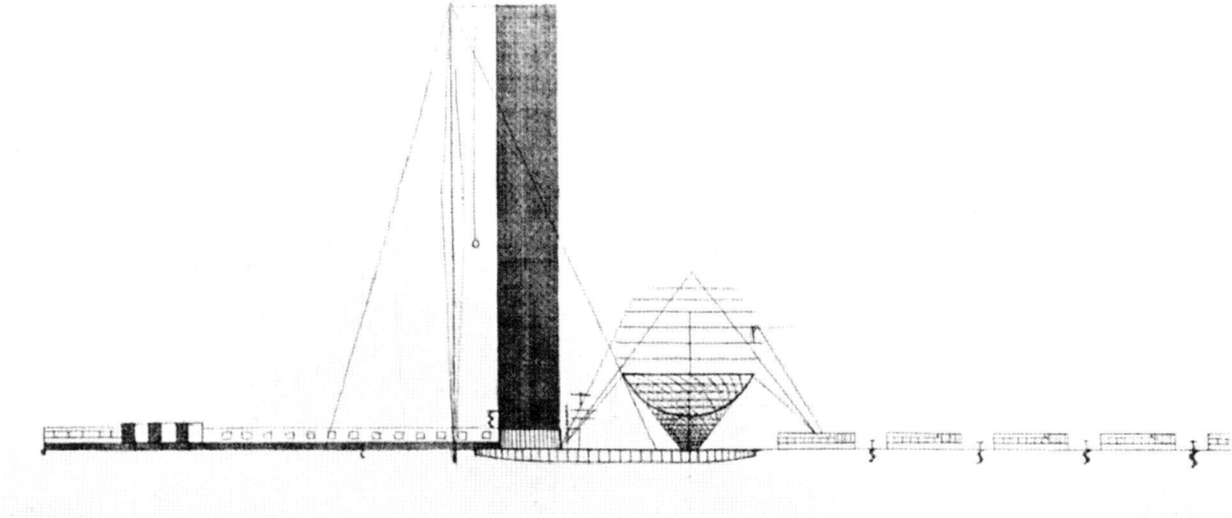

J. Léonidov, Instituto Lênin,
vista principal

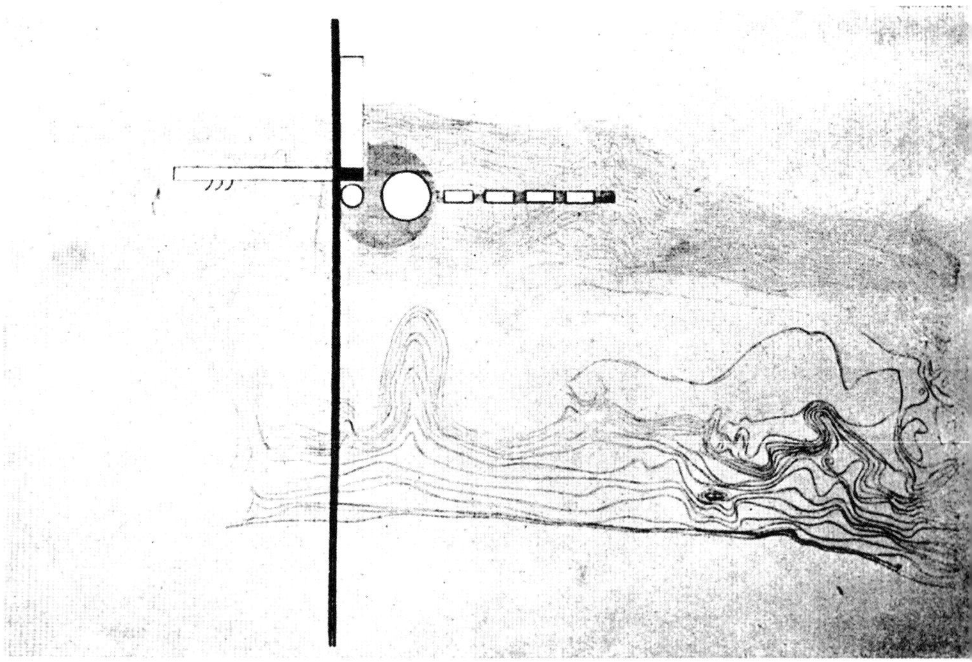

J. Léonidov, Instituto Lênin,
projeto

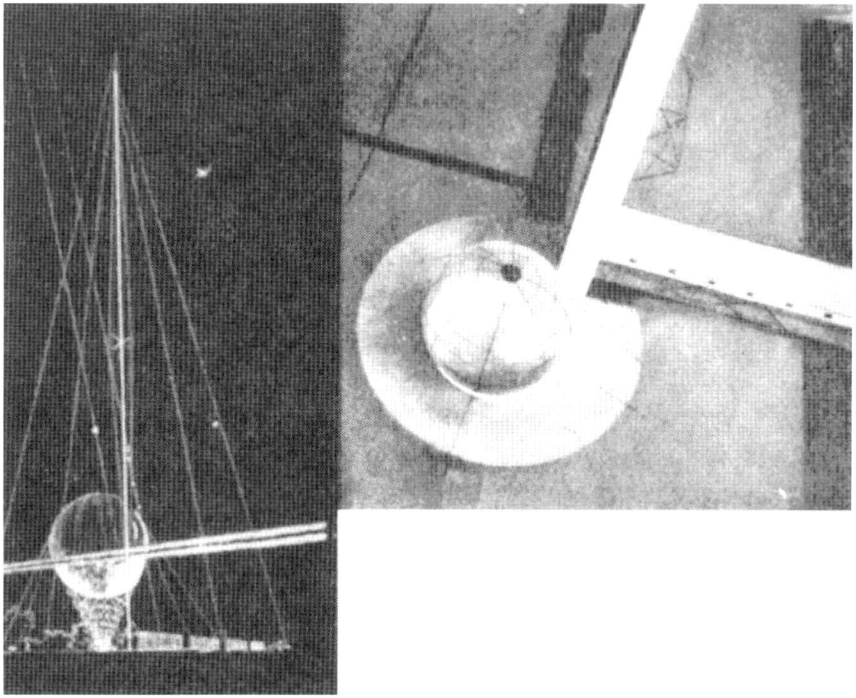

J. Léonidov, Instituto Lênin

Mesmo que a realidade atual ainda obrigue a redução desses planos futuros e planejamentos, seu núcleo salutar para o momento já se revela. Apresentamos, aqui, um projeto para o salão de exposições da representação comercial da URSS em Paris. O autor transformou a "utopia" das tribunas pendentes em uma construção fechada que inclui, ao longo do caminho do visitante, os objetos e produtos expostos. Aqui se cristaliza uma ideia que eleva a função, a construção, o espaço interno e o volume exterior a um novo conteúdo e a uma nova unidade.

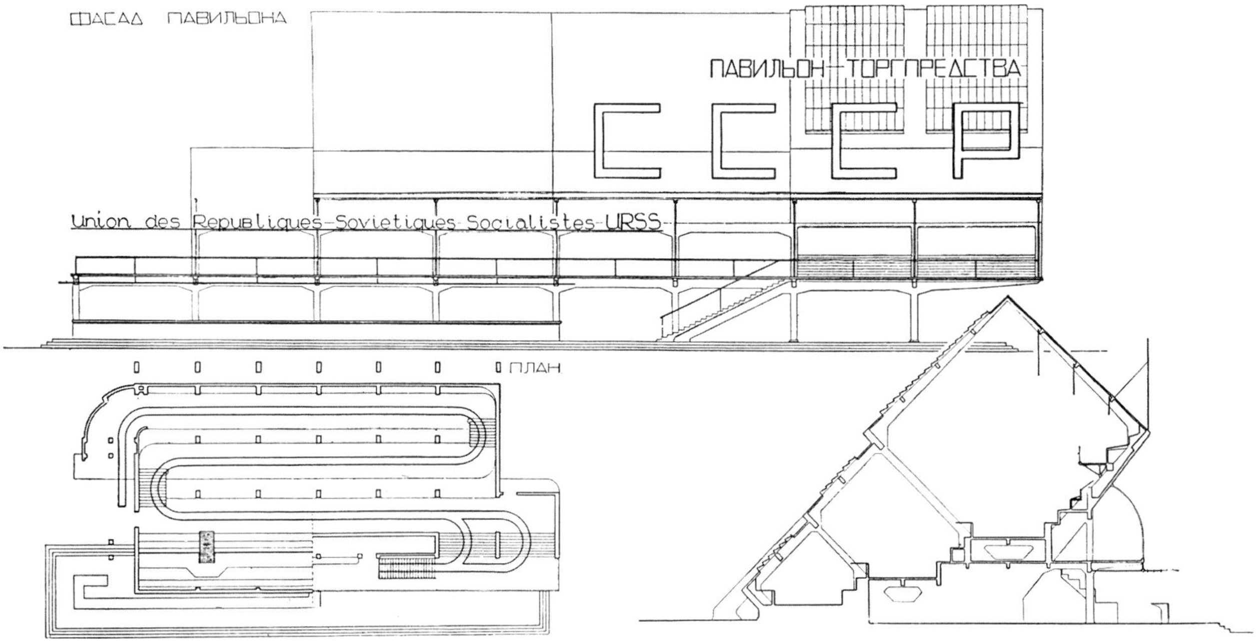

M. Korguiev, pavilhão de feiras para a representação comercial em Paris

ESCOLAS DE ARQUITETURA

Sabemos que a nova arte da construção não nascerá na escola, mas não conhecemos nenhuma instituição executiva ou criadora que atue de forma realmente criativa. Para todo o processo de construção de um edifício, desde o projeto até o trabalho direto no canteiro de obras, não conseguimos elaborar até agora sistemas adequados nem pré-definidos ao nosso ritmo.

As exigências impostas à nossa arquitetura pela reconstrução são muito amplas e demandam um grande número de novas forças executoras. Até pouco tempo atrás, a juventude nas escolas de arquitetura "aprendia" nos cursos técnicos e era "educada" nos cursos artísticos. Esse luxo de apostar tudo no talento educador de um mestre, nosso tempo não permite mais. Exigimos bases firmes, científicas, para o aprendizado da arte da arquitetura. Nesse processo de surgimento de novas bases, em cujos pressupostos teoricos a nova construçao deve se apoiar, o ponto de encontro central é a Faculdade de Arquitetura do Instituto de Técnica Artística de Moscou, a "Vkhutein".

Por iniciativa de Ladóvski, foi criado um laboratório psicotécnico para desenvolver métodos adequados para a qualificação dos estudantes no estudo da arquitetura.

Os projetos encomendados pela escola aos alunos, a título de exercício, têm íntima relação com a prática construtiva em uso, com os programas arquitetônicos de diversas comunas e instituições nacionais. Com isso, estabeleceu-se uma fonte que possibilita ao encarregado pela construção criar continuamente novas ideias. Assim, a escola, muitas vezes acusada de "utopismo", se transforma em pioneira da construção.

Conhecemos o perigo que a escola representa. Enquanto o projetista só lida com o papel, a principal força motivadora do estudante é o fervor, a competição, o recorde, pelos quais ele luta com seus colegas de estudo. Isso já é suficiente para retornar à academia da vida. Portanto, é necessário fortalecer a juventude também na luta com a matéria, por meio do trabalho executivo no canteiro de obras. A tarefa prática na construção ocupa agora cada vez mais espaço no programa educativo. Dessa forma, a escola, de acordo com a linha geral adotada, faz um esforço contínuo pela sua própria reconstrução.

SUPERESTRUTURA IDEOLÓGICA

Estamos vivendo um processo vital, trazido ao mundo com a Revolução, que ainda não tem cinco anos. Nesse período, as altas exigências colocadas pela revolução cultural fizeram nossa nova geração de arquitetos fincar raízes no sentimento e no consciente. Nosso artista da construção compreendeu que, por meio de seu trabalho, participa como colaborador ativo da elaboração do novo mundo. Para nós, a obra de um artista não tem valor "em si própria", não tem um propósito em si, não tem beleza inerente; tudo isso ela só alcança por meio de sua relação com a coletividade. Na criação de toda grande obra, é evidente a participação do arquiteto e latente a da coletividade. Nada do que o artista, o criador, inventa cai do céu em seu colo. Por isso, entendemos a "reconstrução" como a superação do inexplicável, do "misterioso" e do caótico.

Almejamos em nossa arquitetura (como em nossa vida) criar uma ordem social, ou seja, levar o instintivo para a consciência.

A superestrutura ideológica protege e assegura o trabalho. De início, consideramos que a reconstrução socioeconômica é a infraestrutura para a renovação da arquitetura. Ela é indiscutivelmente o ponto de partida, mas seria um erro explicar o contexto de forma tão simplificada. A vida, o crescimento orgânico, é um processo dialético que diz ao mesmo tempo sim (positivo) e não (negativo). Tudo o que emerge é parte do processo vital social, é consequência de fatos definidos e continua a influenciar os objetivos. Com base no resultado, cria-se uma ideologia, uma visão, criam-se interpretações e conexões que irradiam sobre aquilo que emerge.

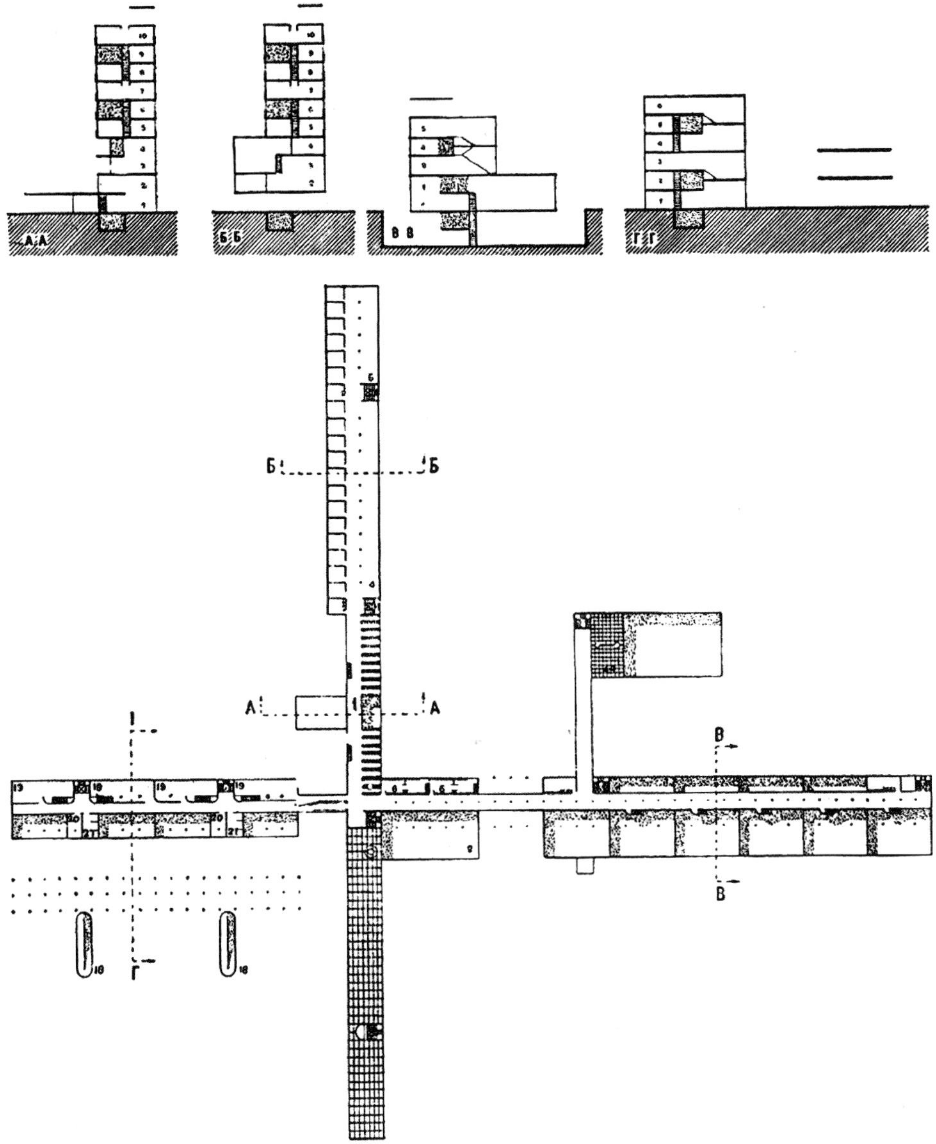

Casa-comuna, comitê de construção da RSFS da Rússia

Podemos acompanhar esse processo dialético no desenvolvimento de nossos arquitetos.

1. Aniquilação do tradicional. A produção material é paralisada no país. Sede de superprodução. Primeiros sonhos dos ateliês. Cria-se uma ideologia com duas exigências fundamentais para o desenvolvimento futuro: elemento e invenção. Uma obra, para estar adequada ao nosso tempo, deve conter invenção. Nosso tempo exige estruturas que surjam de formas elementares (geometria). A luta com a estética do caótico tem início. Exige-se uma ordem transformada em consciência.

2. Início da construção. Primeiramente na indústria e na produção. As circunstâncias concretas demandam um conflito. Mas a nova geração cresceu em um tempo desprovido de arquitetura, tem experiência prática insuficiente, pouca autoridade, e ainda não se tornou acadêmica. Na competição por encomendas de trabalho, sua ideologia se voltou para o utilitário, para a pura conveniência. A palavra-chave é "construtivismo", "funcionalismo". Insere-se um sinal de igual entre o engenheiro e o arquiteto. Em ambos os casos, seja máquina, seja arquitetura, presume-se ser possível que a solução advenha da mesma fórmula algébrica, de uma fórmula na qual se possa perceber apenas o "desconhecido", o x, segundo o mesmo método. Sendo assim, para o arquiteto, como para o engenheiro, o resultado deve surgir de forma automática. Considera-se necessário apenas introduzir novos desenhos e materiais estruturais; espera-se então que a obra surja naturalmente.

3. O primeiro período de construção exige a concentração das forças da esfera da revolução socioeconômica para que haja o aprofundamento da revolução cultural. No complexo total de uma cultura, os fatores físicos, psicológicos e emocionais são inseparáveis. A arte é reconhecida por sua característica de ordenar, organizar e ativar o consciente por meio

de cargas de energia emocional. A arquitetura é considerada uma arte líder, e a atenção do público se volta para ela. Questões arquitetônicas se tornam questões da massa. Os primeiros sonhos dos ateliês perdem seu caráter individual e adquirem um sólido fundamento social. Contra os "utilitaristas", surgem, por sua vez, os "formalistas". Estes últimos afirmam que a arquitetura não pode ser definida pela expressão "trabalho de engenheiro". Eliminar a prática utilitária de construir um volume que funcione corretamente com um determinado objetivo é apenas uma parte do problema. A segunda parte é organizar os materiais, eliminar o construtivo. Mas uma obra arquitetônica só surge quando o todo adquire vida como ideia espacial, como forma que exerce determinada influência sobre nossa psique. Para tanto, não basta apenas ser um homem moderno, é preciso que o artista da construção domine completamente os meios de expressão da arte da construção.

Assim, é possível resumir ainda mais esses três períodos:

a) Negação da arte apenas como objeto emocional, individual, romanticamente isolado;

b) Criação "objetiva", com uma esperança secreta de que o produto surgido, por fim, seja visto mais tarde como obra de arte;

c) Criação consciente e determinada de uma arquitetura que exerce influência artística fechada sobre uma base preparada, objetiva e científica.

Essa arquitetura vai elevar ativamente o nível de vida geral. Essa é a dialética de nosso desenvolvimento, que chega à afirmação por meio da negação; ele fundiu o ferro e forjou o novo aço.

El Lissitzky
Moscou, outubro de 1929

El Lissitzky, Proun (cidade), 1920

K. Maliévitch, arquitetônias
suprematistas, 1923

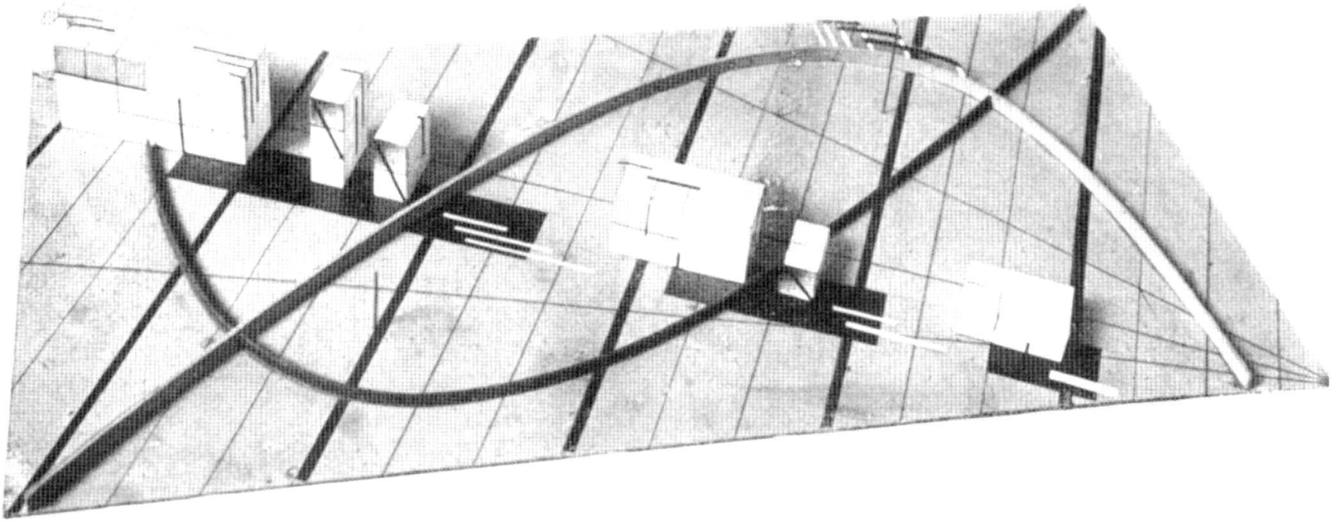

M. Turkus (Vkhutein), ateliê N. Ladóvski,
ritmo e dinâmica, 1923

Vkhutein, 1927, doutrina básica,
configuração de superfícies

J. Volodikó (Vkhutein), 1923,
ateliê V. Krinski, saguão de mercado

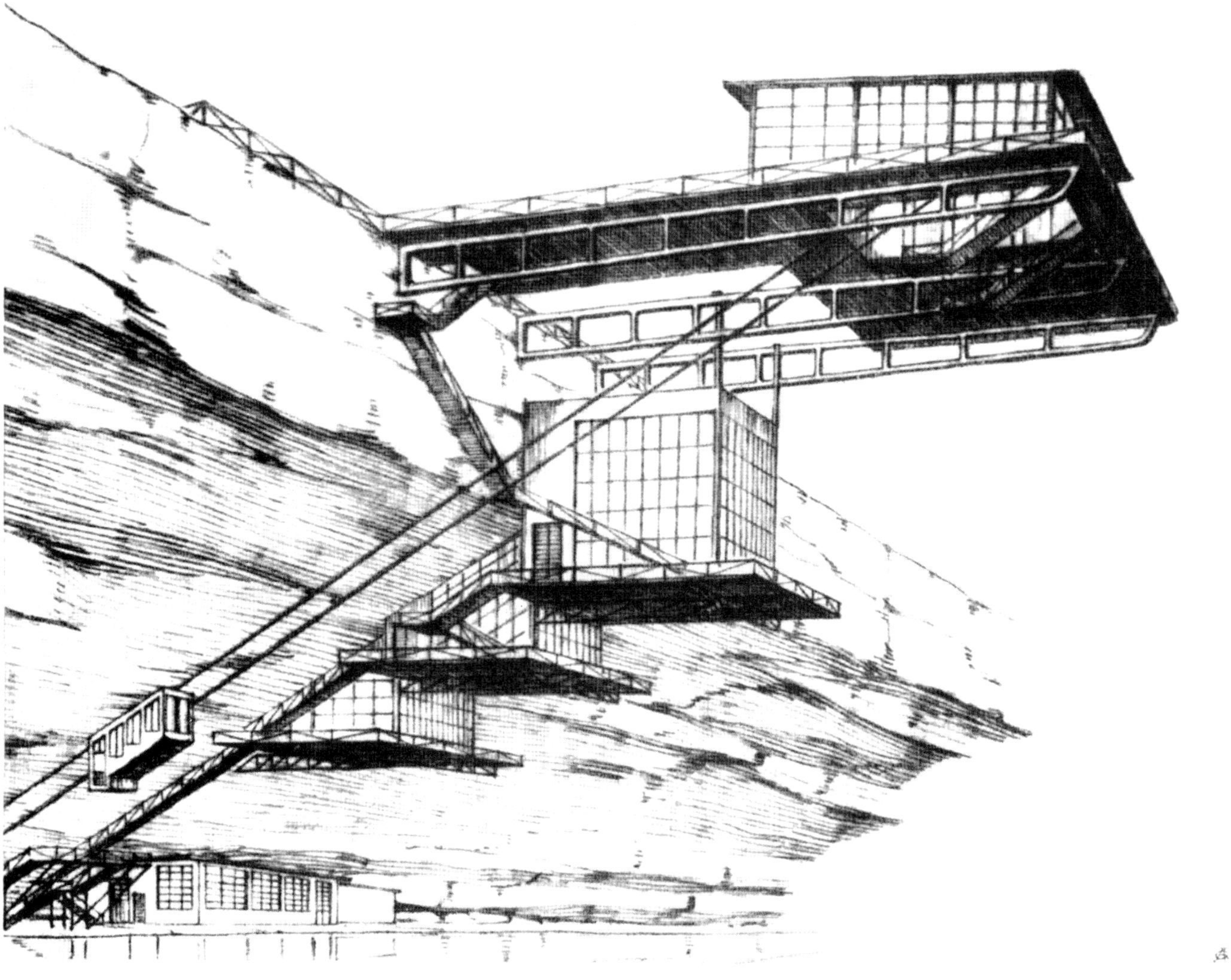

Ateliê N. Ladóvski, 1922,
restaurante à beira de um abismo

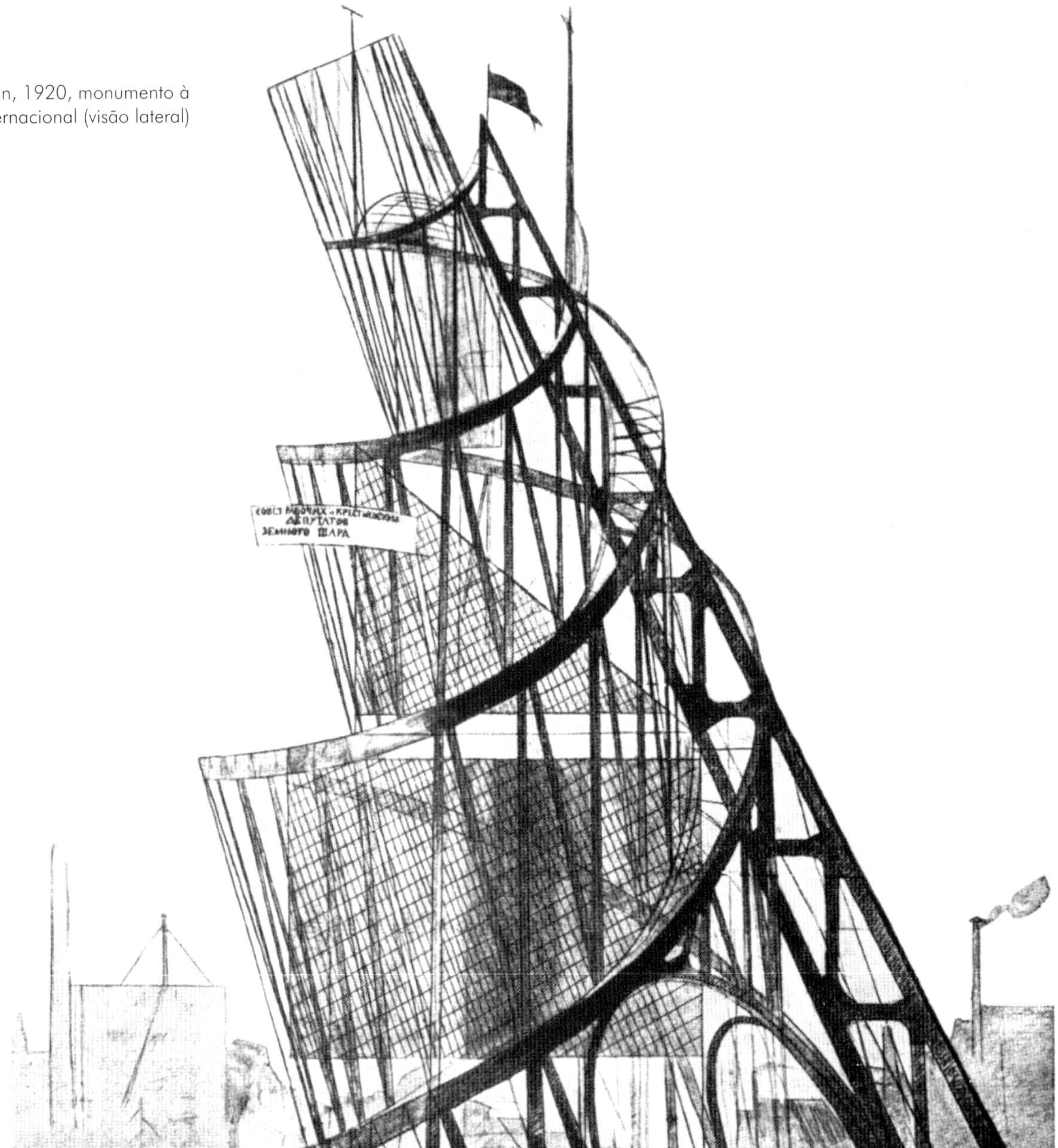

V. Tatlin, 1920, monumento à 3ª Internacional (visão lateral)

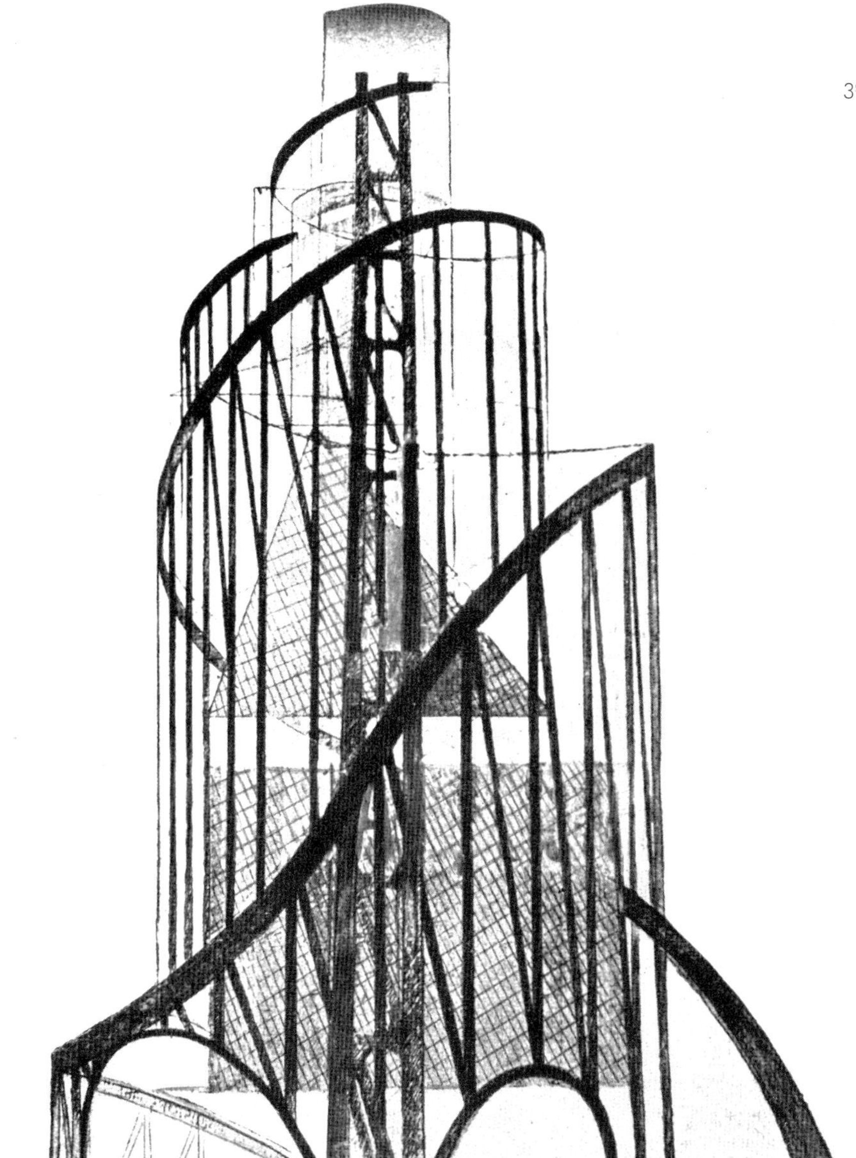

V. Tatlin, monumento à
3ª Internacional (visão frontal)

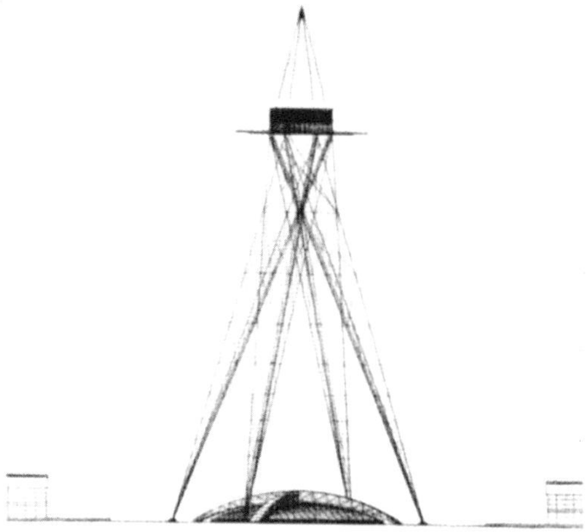

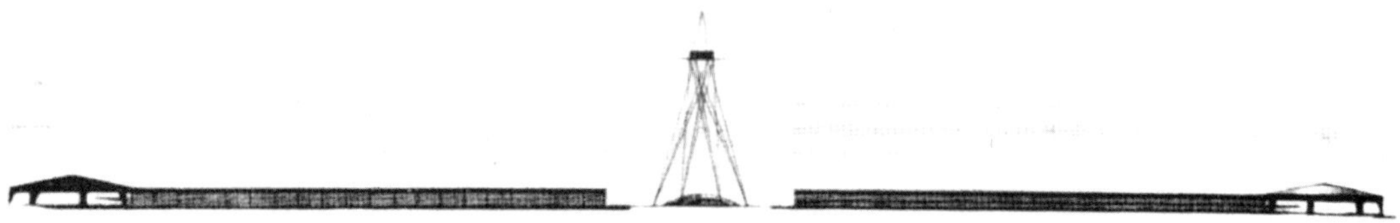

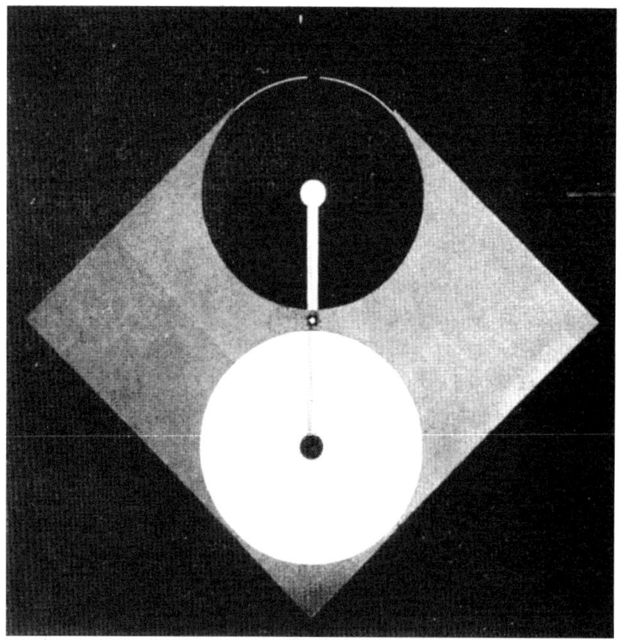

V. Balikhin (Vkhutein),
aeródromo, 1924

Lopátin (Vkhutein), 1923,
ateliê N. Ladóvski, arranha-céu
para Moscou

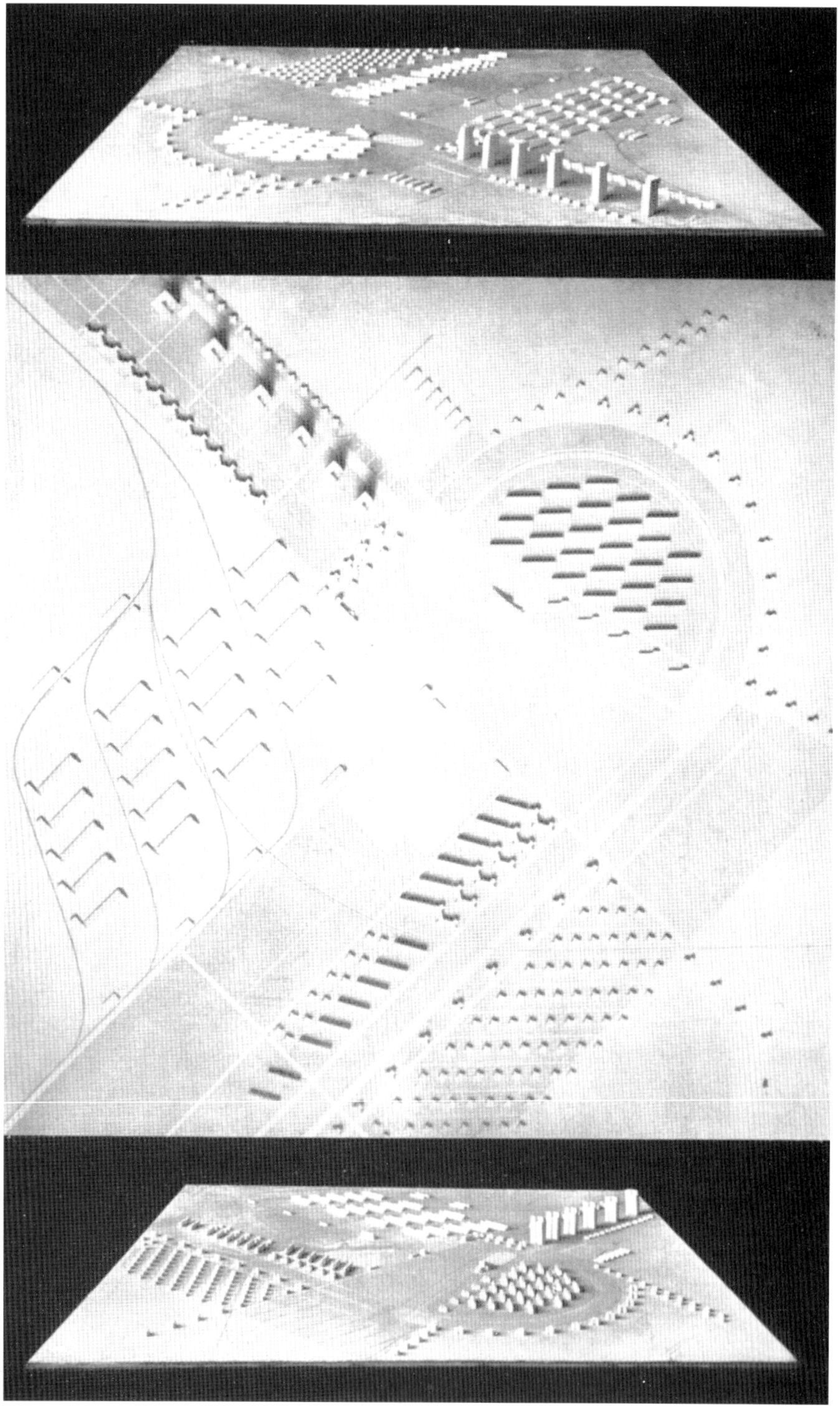

N. Ladóvski, assentamento
da comuna operária
"Kostino", 1927

Edifício residencial,
construído pelo Mossôviet

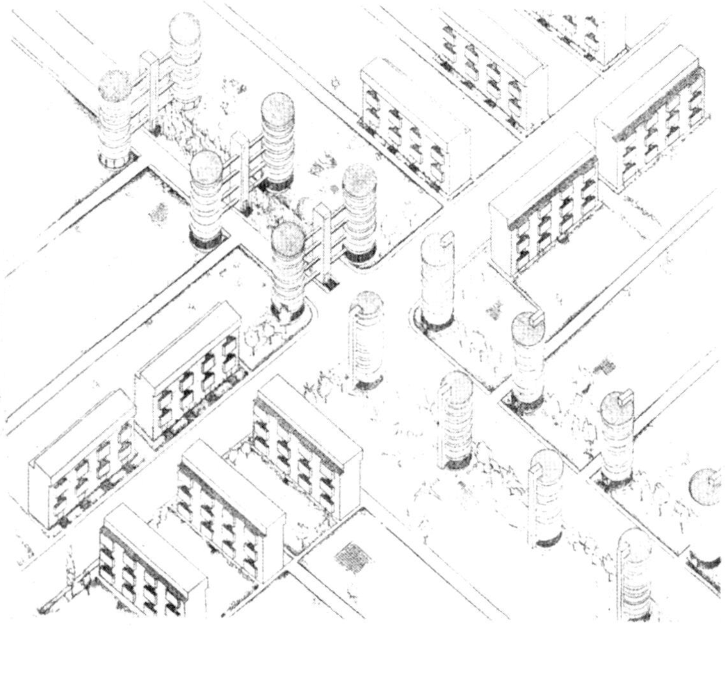

Kotchar (Vkhutein), assentamento

M. Guinsburg, edifício residencial em Moscou

I. Lamtsov, clube para o centro
de um assentamento

J. Léonidov, instalações de um clube com planetário

Gueguello e Kritchévski, auditório
de teatro na Casa da Cultura,
Leningrado

Ateliê A. Nikolski, tribunas de estádio, Leningrado

El Lissitzky, 1924, o *Wolkenbügel*, vista aérea

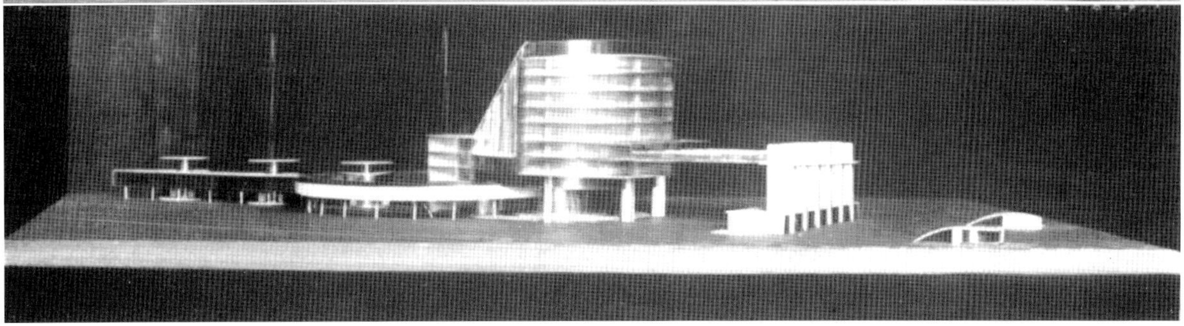

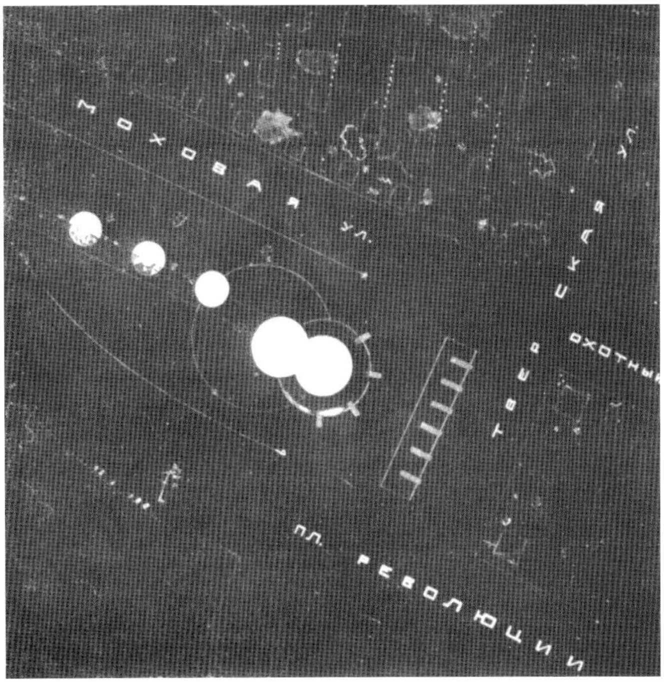

N. Travin, edifício de conferências (Vkhutein)

Edifício de escritórios do Supremo Conselho Econômico em Charkov

Edifício de escritórios do Supremo Conselho Econômico em Charkov

B. Velinóvski, Moscou, edifício
de escritórios Gostorg

B. Velinóvski, Gostorg

B. Velinóvski, escadaria
no Gostorg

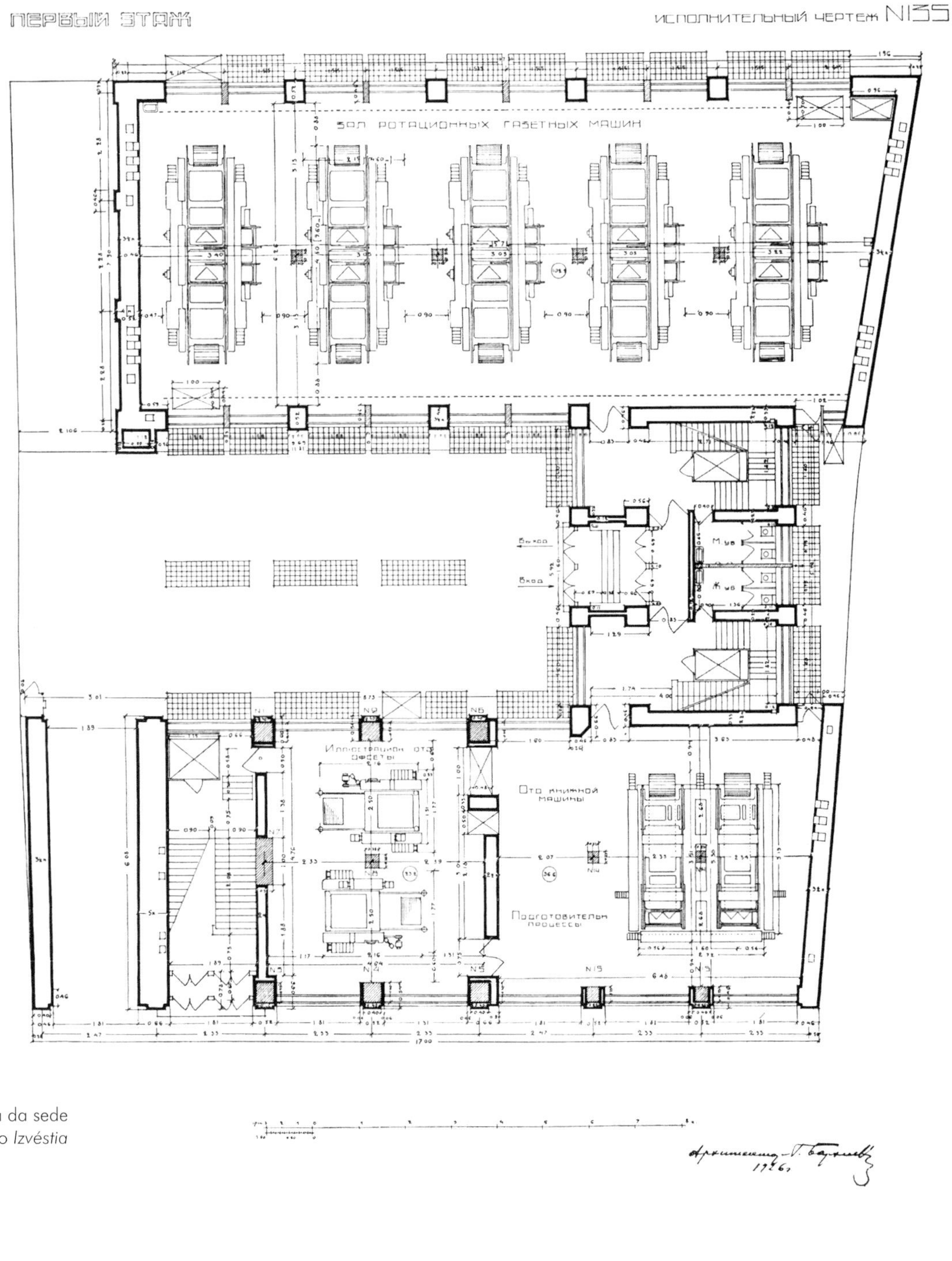

G. Barkhin, planta da sede
do *Izvéstia*

G. Barkhin, primeiro esboço para a sede do *Izvéstia*

G. Barkhin,
edifício Izvéstia

G. Barkhin, detalhes do
edifício Izvéstia

S. Tchernichóv,
Instituto Lênin, Moscou

S. Tchernichóv,
Instituto Lênin, Moscou

Irmãos Viesnin, loja
de departamentos

Irmãos Viesnin, entrada
da loja de departamentos

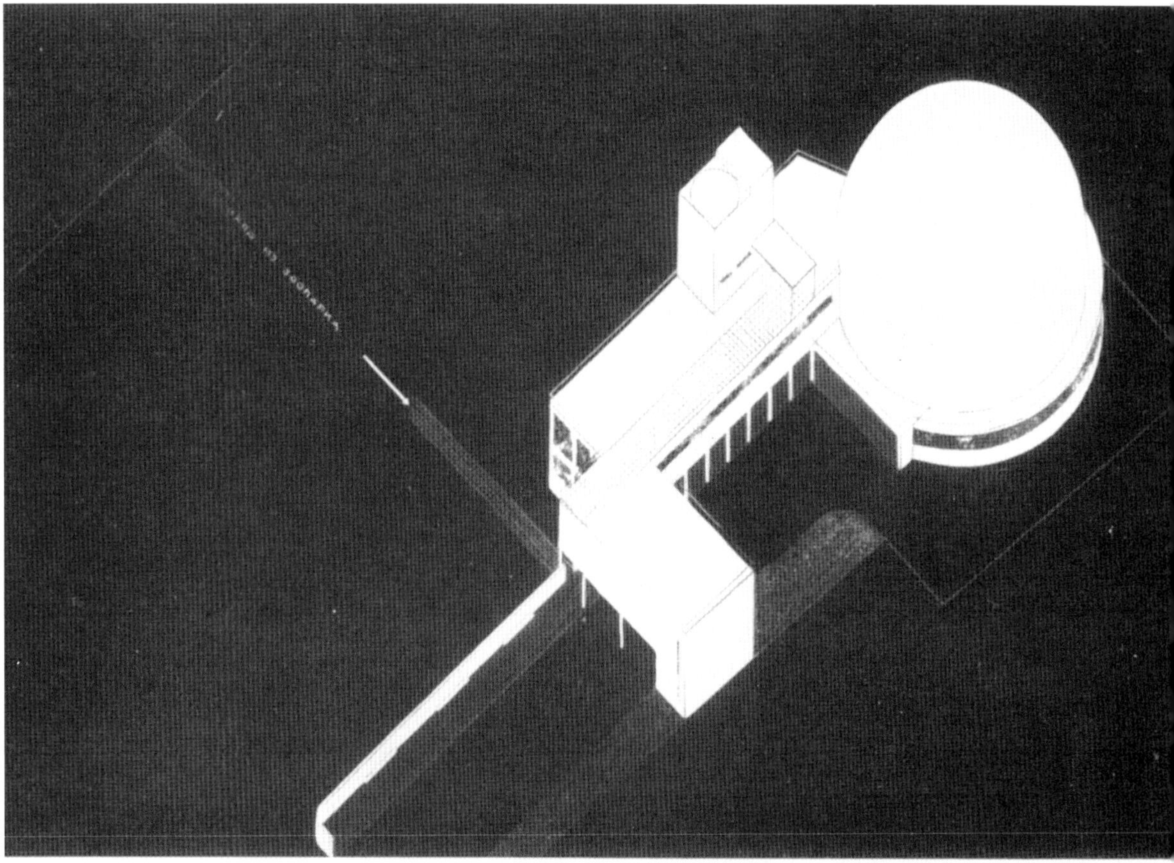

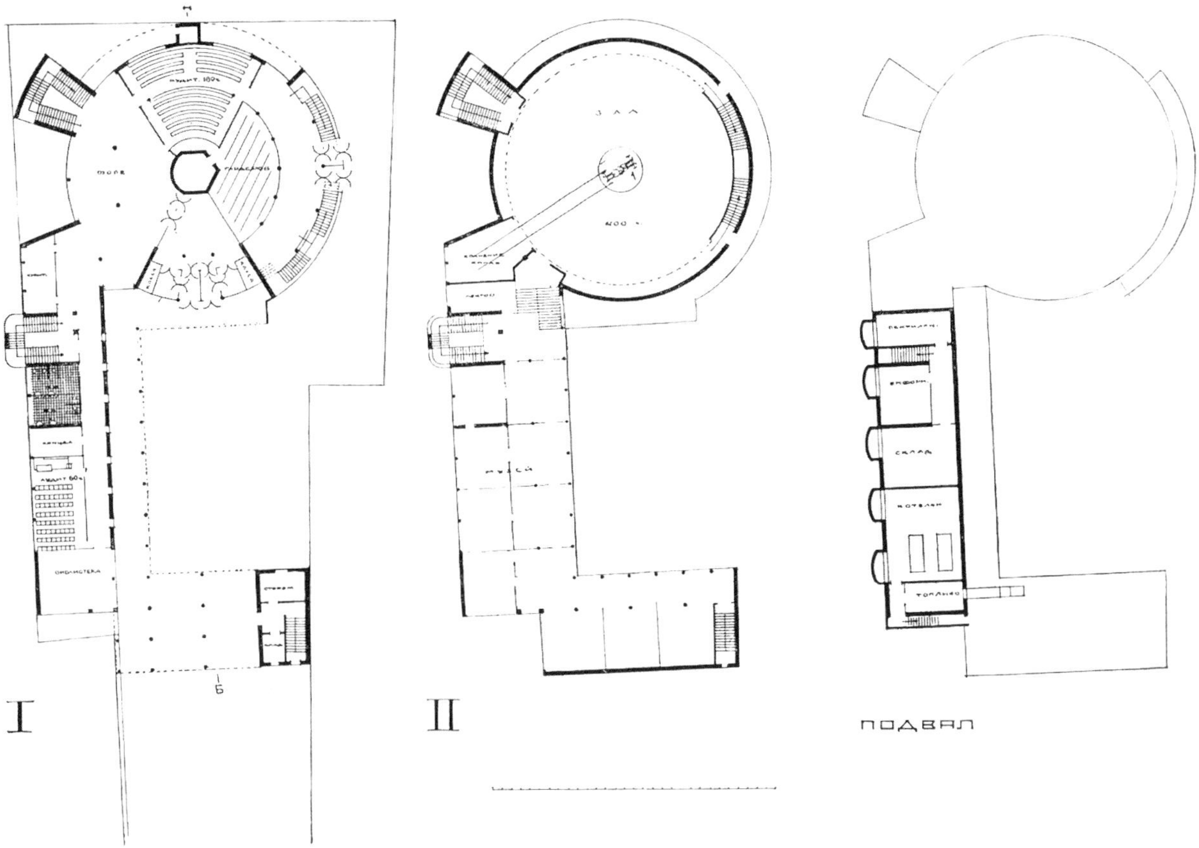

M. Barchtch e M. Siniáviski, planetário, Moscou (à esquerda e acima)

Montagem da cúpula no
planetário, Moscou

Arq. M. Mielnikov, eng. Shukhov,
garagem de ônibus em Moscou

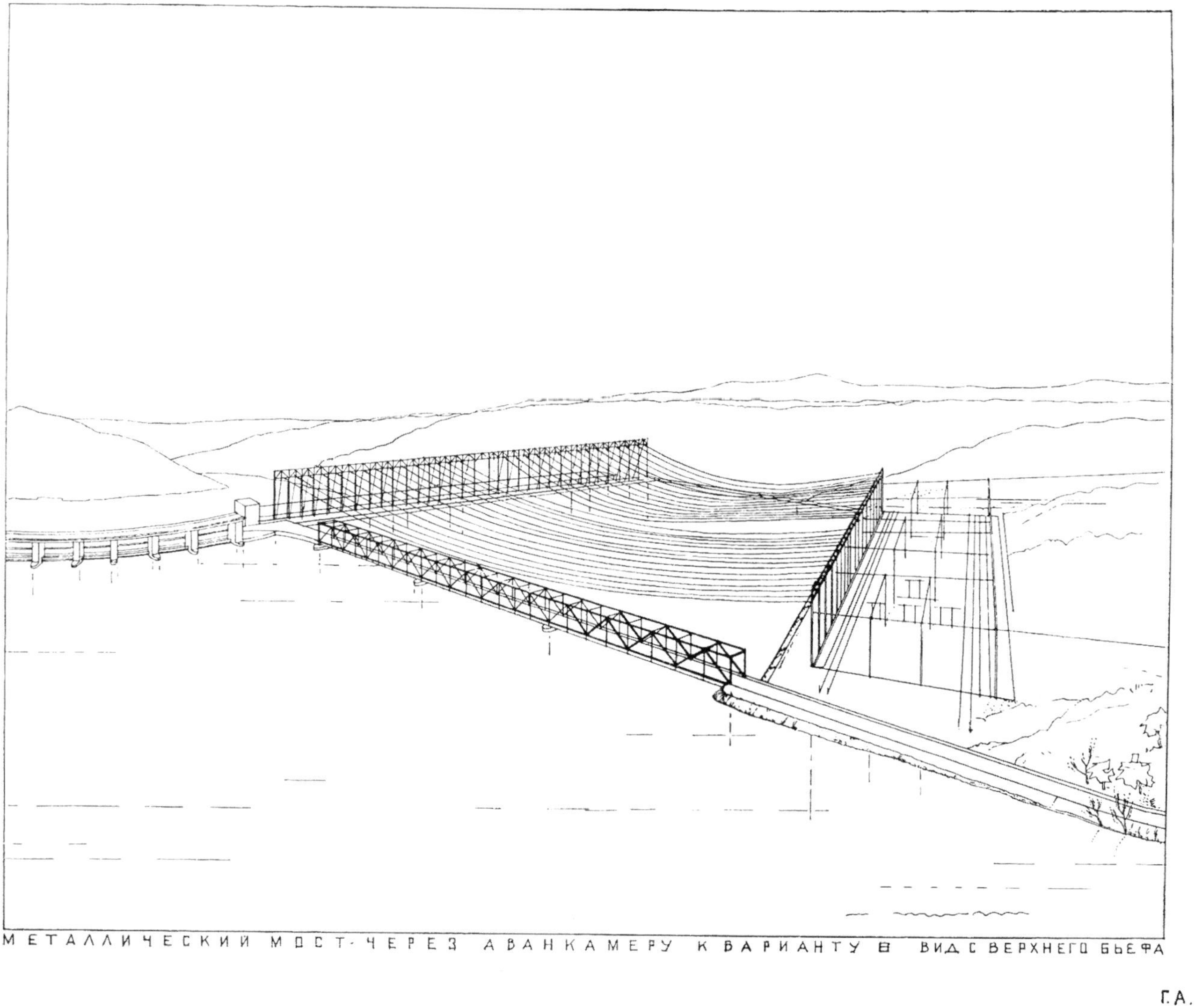

Usina de energia elétrica Dnieprotroi, esboço: Departamento de Arquitetura da Administração Construtora. Arquiteto: V. Viesnin; colaboradores: N. Kolli, G. Orlov, S. Andreiévski

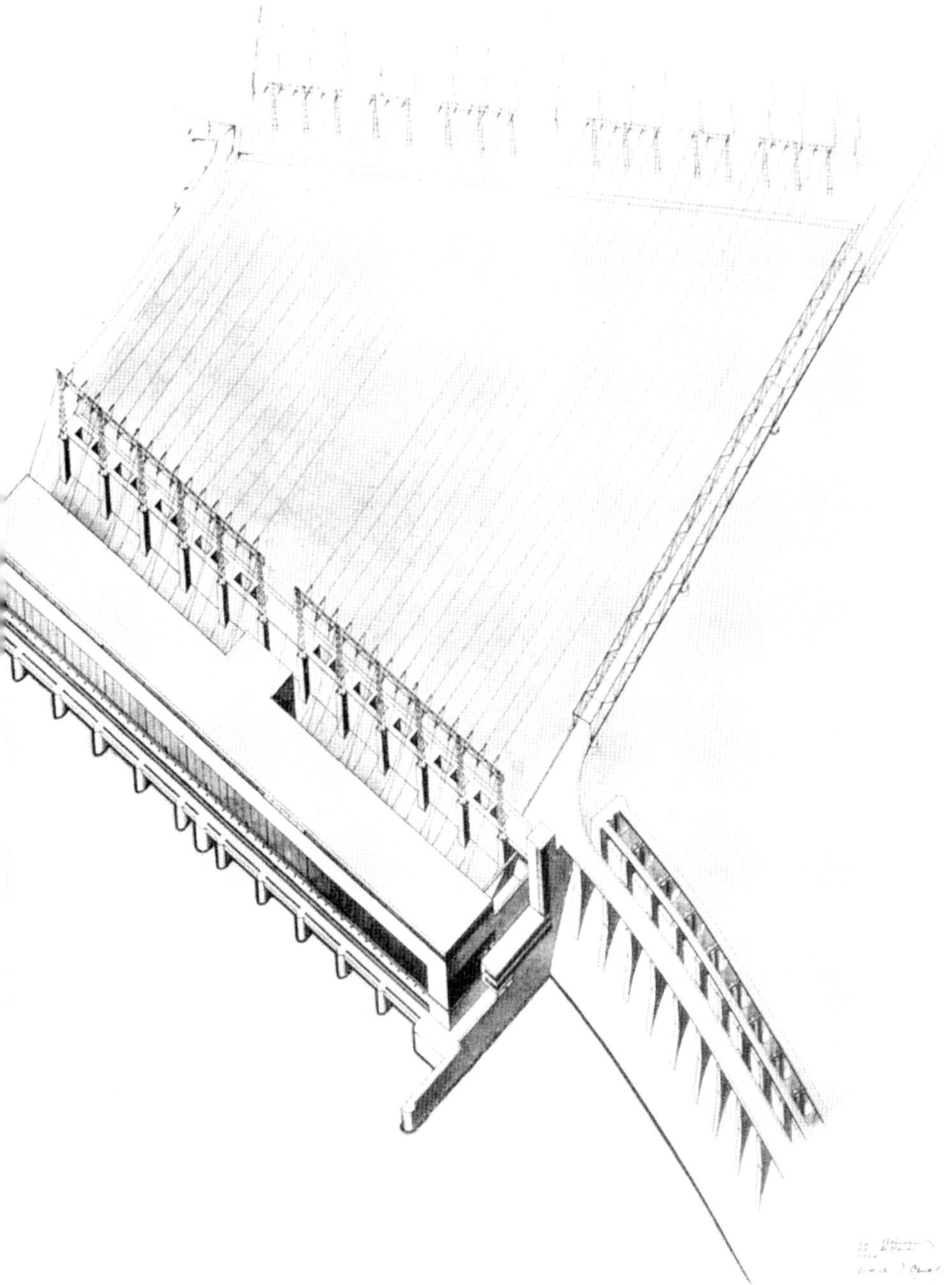

Usina de energia elétrica
Dnieprotroi, esboço:
Departamento de Arquitetura
da Administração Construtora.
Arquiteto: V. Viesnin;
colaboradores: N. Kolli,
G. Orlov, S. Andreiévski

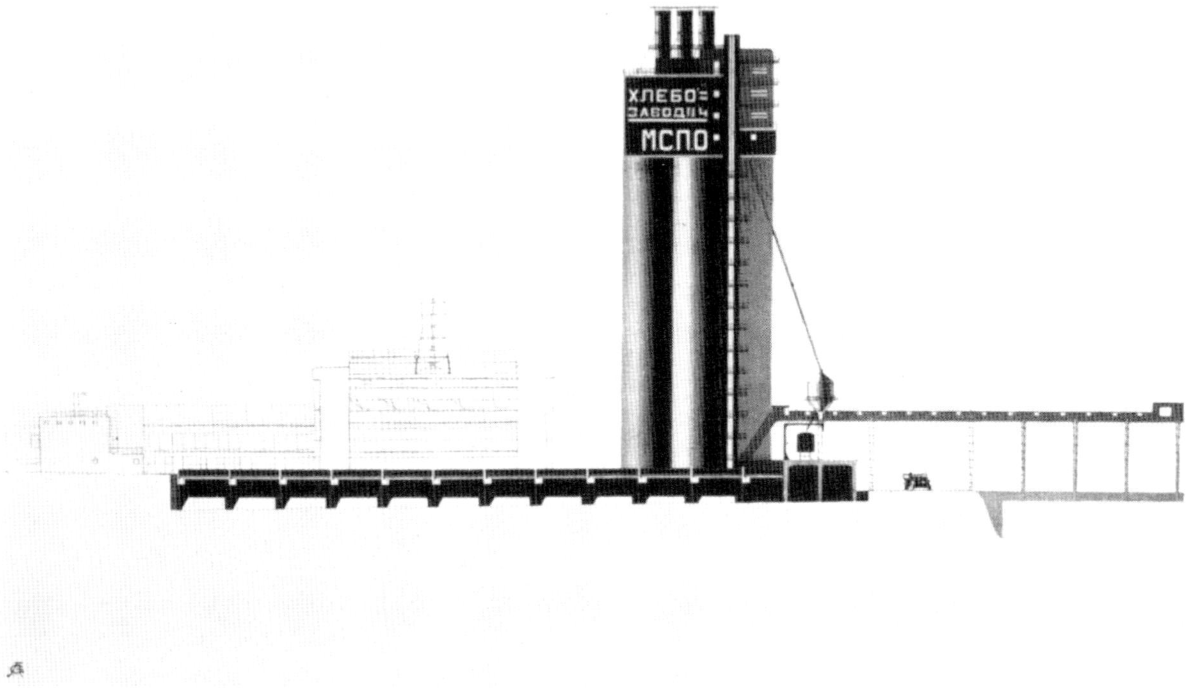

Mostakov (Vkhutein),
fábrica de pães

Nikoláiev e Fissenko,
Instituto Científico

V. Viesnin, Instituto Mineralógico

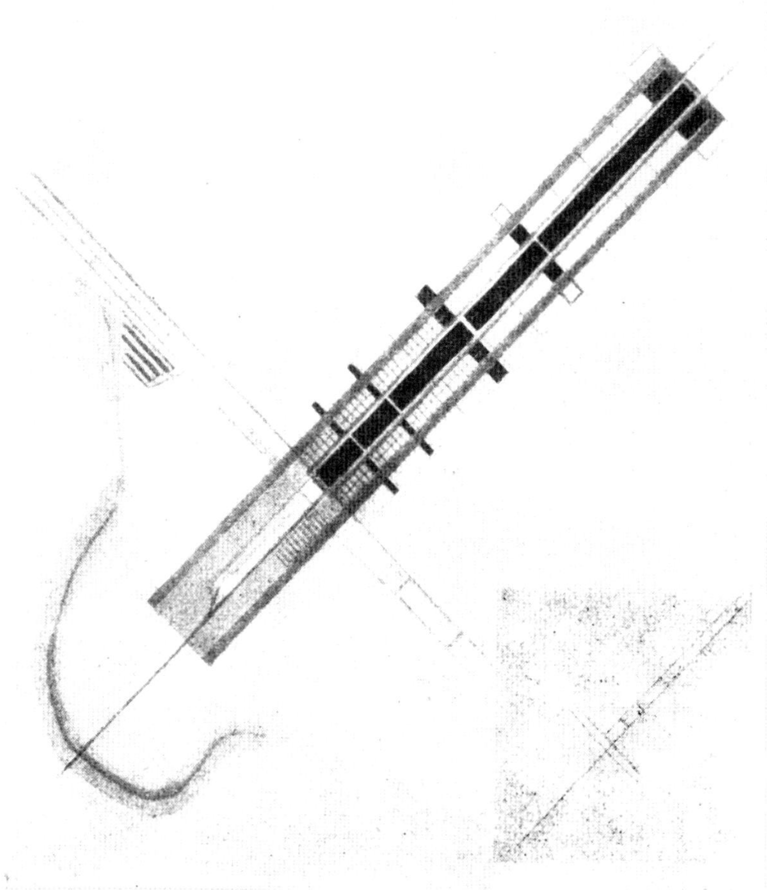

B. Lavrov (Vkhutein),
cidade linear

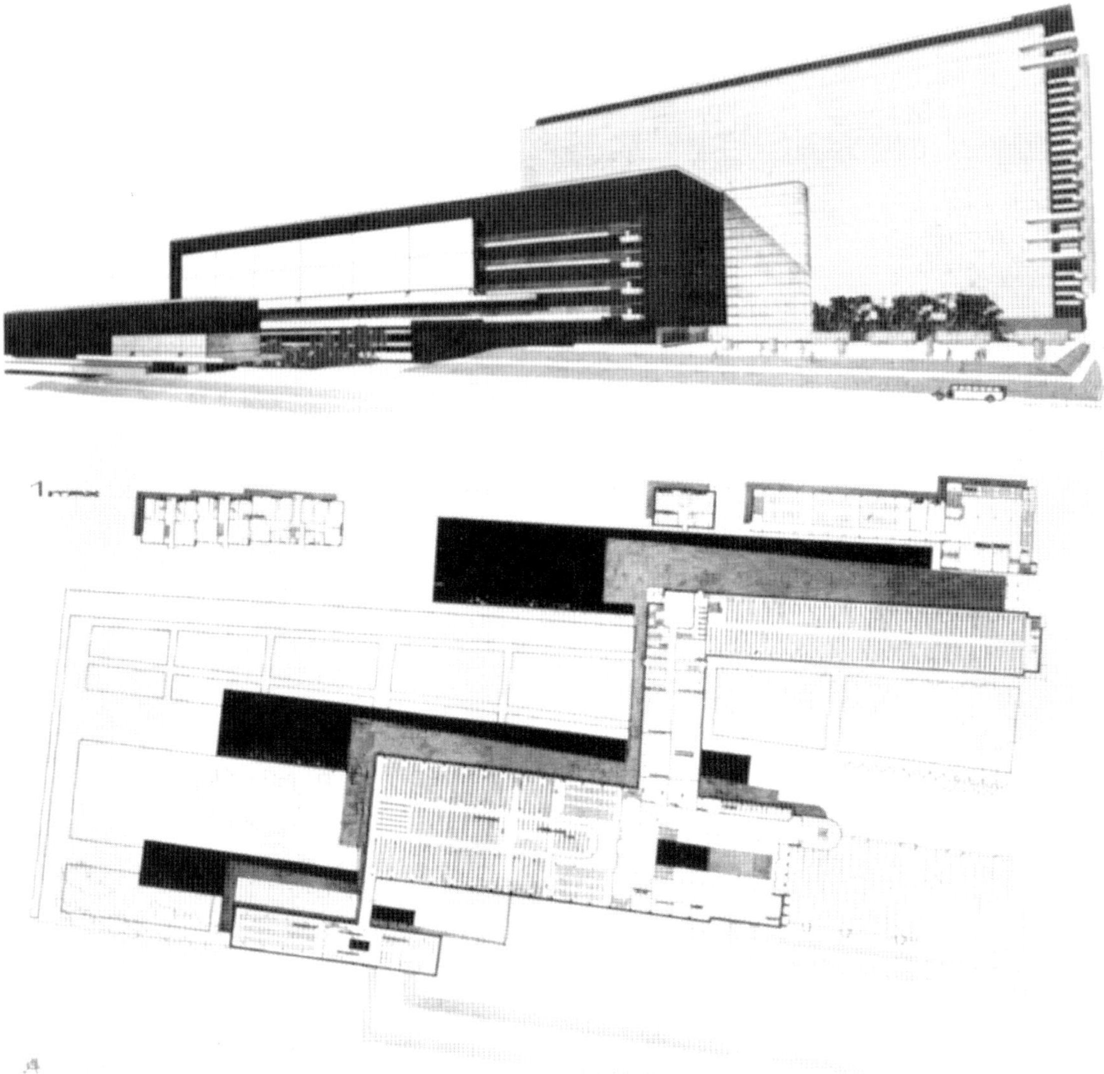

D. Fridman, V. Fridman,
D. Markov, esboço de concurso
para a biblioteca Lênin, Moscou

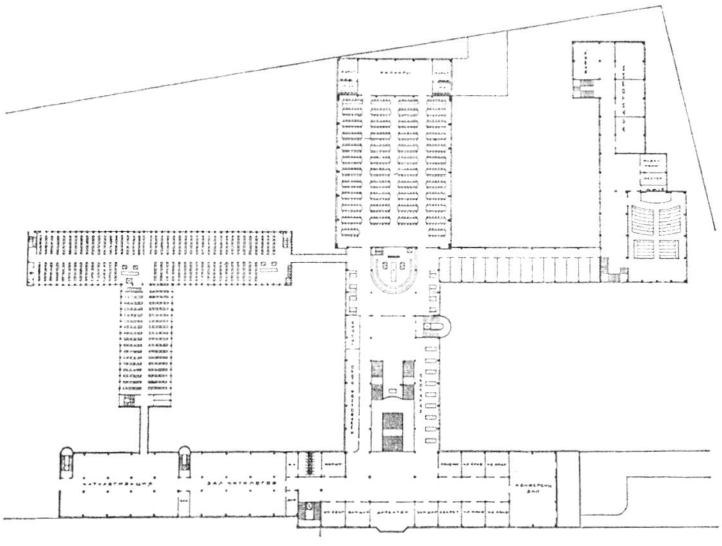

Irmãos Viesnin, concurso
para a biblioteca Lênin

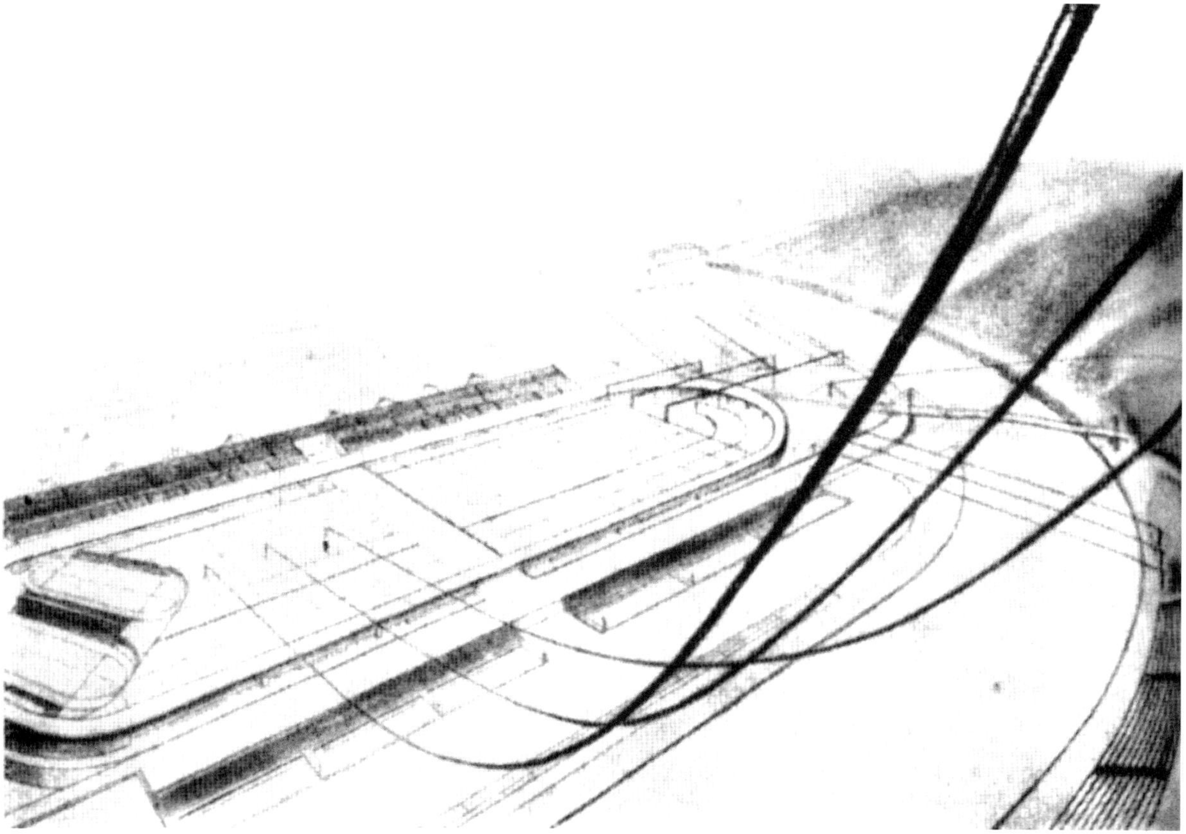

L. Salíeskaia, parque de cultura e descanso em Moscou, instalações gerais (Vkhutein)

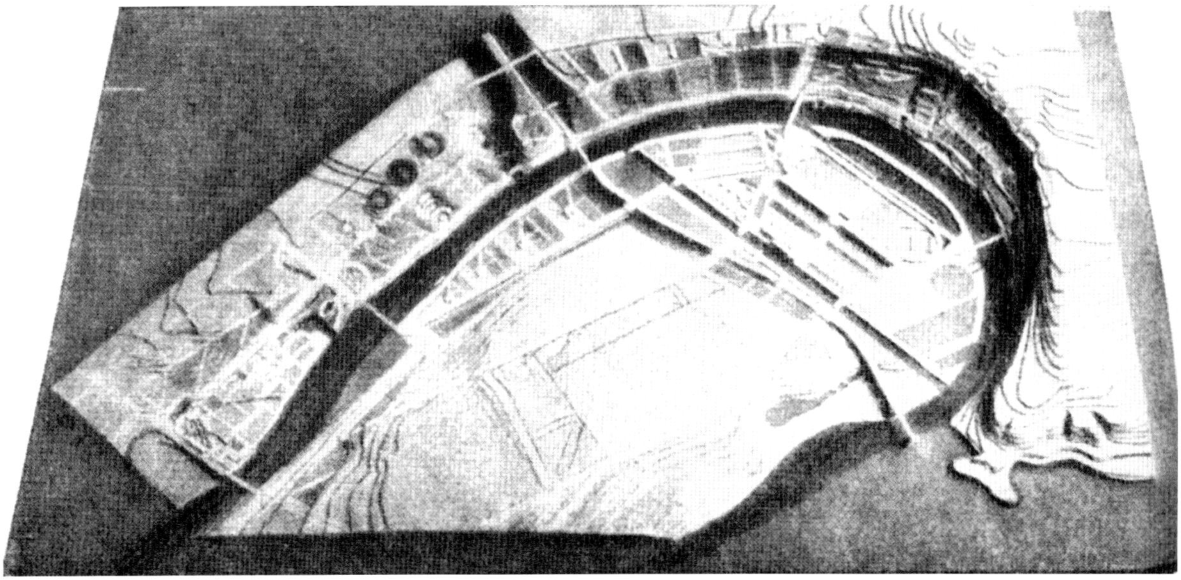

L. Salíeskaia, parque de cultura e descanso em Moscou, instalações gerais (Vkhutein)

APÊNDICES

Os textos e as imagens seguintes devem completar a nova edição do relato de El Lissitzky sobre a "Reconstrução da Arquitetura na União Soviética", de 1929, de duas formas:

As partes I e II do apêndice fornecem dados sobre a vida do autor e, com base em escritos seus dos anos 1921 a 1926, uma visão de seu desenvolvimento artístico e intelectual, incluindo sua "passagem da pintura para a arquitetura", cuja conclusão foi o ensaio anteriormente apresentado sobre a nova construção na Rússia. Quando esse relato foi publicado em 1930, em Viena, Lissitzky e seus companheiros de batalha já se encontravam diante de crescentes forças opositoras.

Na parte III do apêndice, há mais informações sobre esses acontecimentos e, também, um texto anônimo que já delineia a doutrina arquitetônica da era stalinista, o qual talvez tenha sido o último relato sobre a construção russo-soviética em uma publicação alemã durante a época de Hitler. A coragem com que a revista *Die neue Stadt* retomou o tema em dezembro de 1933 merece ser registrada. A revista tinha a direção de Joseph Gantner, que foi também o editor em 1929 do presente livro de Lissitzky e é, hoje, professor de história da arte em Basileia.

A terceira parte do apêndice, porém, deve não apenas elucidar o capítulo final da nova construção na Rússia, mas principalmente tornar clara a situação em que El Lissitzky escreveu seu livro. A escolha dos artigos e relatos de viagens obedece apenas a esse critério, não pretendendo, de forma alguma, documentar a campanha "militar" pacífica na Rússia dos urbanistas e arquitetos alemães, liderados por Ernst May. Essa escolha foi feita porque seus relatos de experiências representavam as melhores lições sobre os conceitos.

Para a organização do apêndice, Dieter Helm foi de grande ajuda, pois já realizara um valioso trabalho prévio, em 1962, no catálogo da exposição *Die Zwanziger Jahre in Hannover* (Os anos vinte em Hannover).

[Nota do Editor em *El Lissitzky, 1929 Rußland: Architektur für eine Weltrevolution* (Rússia: arquitetura para uma revolução mundial), Ulrich Conrads (org.), Bauwelt Fundamente 14, Verlag Ullstein, Berlim/Frankfurt/Viena, 1965, © 1930, by Verlag Anton Schroll & Co., Viena]

I BIOGRAFIA

El Lissitzky[5]

Lazar Márkovitch Lissitzky nasceu em 1890 na província de Smolienski, em família judia. Passa a juventude em Vitébski e Smolienski.

De 1909 a 1914, após ser recusado na Academia de Artes de São Petersburgo, frequenta a Escola Politécnica em Darmstadt, na Alemanha.

Em 1912, viaja à Itália e à França. Atua no campo das artes, ilustrando inicialmente, entre outros, livros no estilo de Chagall. Com a eclosão da Primeira Guerra Mundial, interrompe os estudos e volta à Rússia. Se inscreve na Politécnica de Riga, transferida para Moscou durante a guerra. Após a Revolução de Outubro, colabora como desenhista em órgãos revolucionários. Ainda em 1917, escreve seu trabalho de conclusão de curso como arquiteto em Moscou.

Em 1919, é chamado por Chagall, então Comissário das Artes Plásticas em Vitébski, para fazer parte da Academia de Artes desse distrito. Lá, Lissitzky encontra artistas que o influenciam, como Maliévitch e talvez Tatlin. Datam desta época seus primeiros trabalhos suprematistas.

Em 1919, participa da primeira exposição da série *Proun*. Viaja a Düsseldorf, Alemanha, em 1921, para ali fundar um movimento construtivista.

A partir de 1921, leciona na Academia de Artes de Moscou. Depois do edital de Lênin contra a vanguarda, Lissitzky sai da URSS e retorna à Alemanha (Berlim e Hannover) e viaja à Suíça.

El Lissitzky em: *Die Kunstismen 1914-1924*. Org. por El Lissitzky e Hans Arp. Erlenbach-Zurique, Munique e Leipzig, Eugen Rentsch Verlag, 1925

5. Adaptado do catálogo *Die Zwanziger Jahre in Hannover*. Editado pela Kunstverein Hannover e.V. (Associação de Artes), Hannover, 1962.

Nos anos seguintes, realiza trabalhos gráficos em conjunto com Van Doesburg, Mies van der Rohe, Werner Graeff e Kurt Schwitters. Em 1922, publica, junto com Ilia Ehrenburg, a revista trilíngue *Vesch* (Objeto) em Berlim, da qual foram publicados três números. Participa da primeira exposição de arte russa em Berlim. Frequenta Laszlo Moholy-Nagy, Kurt Schwitters, Raoul Haussmann, Hannah Höch e Hans Richter. Conhece em Hannover a artista plástica Sophie Küppers, viúva de Paul Erich Küppers. Participa de várias publicações e revistas culturais.

Em 1923, projeta um "salão Proun" na Grande Exposição de Artes de Berlim. Publica, em Hannover, o caderno de figurinos para a ópera *Vitória sobre o sol* e ajuda a criar a revista dadaísta *Merz*, além de realizar trabalhos publicitários. A partir de 1923, faz vários tratamentos em Davos, Suíça, por conta da tuberculose.

Em 1925, publica *Die Kunstismen* (Os artismos), em trabalho conjunto com Hans Arp. É deportado da Suíça e retorna a Moscou, onde trabalha como arquiteto e milita na associação de arquitetos Asnova.

Em 1926, leciona design de interiores e elaboração de móveis na escola-atelier Vkhutemas. Nos três anos subsequentes, realiza diversos projetos e montagens em Dresden, Hannover e Colônia.

Em 1928-29, retorna à Rússia. Encontra Dziga Vertov, que termina *O homem da câmara*; assina o projeto do Parque Górki em Moscou.

Em 1930, publica seu livro *Rússia: a reconstrução da arquitetura na União Soviética*. Nos anos seguintes, trabalha em diversas publicações com os principais fotógrafos e propagandistas soviéticos, bem como em projetos arquitetônicos oficiais como o pavilhão soviético na Exposição Universal de Paris (1936-37), e também nos de Nova York e Belgrado.

Em 1939-40, realiza notáveis cartazes propagandísticos em prol do esforço de guerra antifascista.

Falece de tuberculose na União Soviética em 1941.

II EL LISSITZKY: TEXTOS PROGRAMÁTICOS E COMENTÁRIOS À OBRA, 1921-1926

"*Proun* é a estação de baldeação da pintura para a arquitetura."

A configuração plástica da apresentação eletromecânica *Vitória sobre o sol*[6]

O presente texto é um fragmento de um trabalho realizado em Moscou em 1920-21. Aqui, como em todos os meus trabalhos, meu objetivo não é reformar o já existente, mas criar uma nova realidade.

Ninguém dá atenção aos grandiosos espetáculos de nossa cidade, pois todo "alguém" deles participa. Toda a energia é utilizada para fins próprios. O todo é amorfo. Todas as energias precisam ser organizadas em uma unidade, cristalizadas e levadas à exibição. Assim surge uma obra — que pode ser chamada de obra de arte.

Nós construímos uma estrutura em um local aberto e acessível por todos os lados; isso é o mecanismo de exibição. Com essa estrutura, os corpos atuantes têm todas as possibilidades de movimento. Por isso, cada uma de suas partes deve ser móvel, giratória, flexível, etc. Deve-se mudar rapidamente de altura. Tudo é um esqueleto de construção para não esconder os corpos que se movem durante a apresentação. Os próprios

6. Prefácio de um caderno com dez figurinos em litografia, publicado em Hannover em 1923.

corpos atuantes são montados de acordo com a necessidade e a vontade. Eles deslizam, rolam, flutuam sobre, dentro e acima da estrutura.

Todas as partes da estrutura e todos os corpos atuantes são movimentados por meio de forças e instrumentos eletromecânicos, e a central se encontra nas mãos de uma única pessoa: o criador da exibição. Seu lugar é no ponto central da estrutura, ao lado dos painéis de controle de todas as energias. Ele dirige os movimentos, o som e a luz. Opera o radiomegafone fazendo soar a zoeira das estações de trem, o ruído das cataratas do Niágara, as marteladas de um laminador. Em cada corpo atuante, ouve-se o criador da exibição, que fala por um telefone ligado a uma lâmpada de arco ou a outros aparelhos que transformam sua voz de acordo com o caráter de cada figura. Frases elétricas se acendem e se extinguem. Raios de luz acompanham os movimentos dos corpos atuantes, quebrados por prismas e reflexos. Assim, o criador da exibição leva o procedimento mais elementar ao mais alto clímax.

A primeira apresentação dessa exibição eletromecânica foi numa peça moderna, mas escrita para o palco: a ópera futurista *Vitória sobre o sol*, de A. Krutchônikh, o inventor da poesia sonora e expoente da mais nova poesia russa. A ópera foi apresentada pela primeira vez em São Petersburgo em 1913. A música é de Matiuchin (quarto de tom). Maliévitch pintou os cenários (a cortina = quadrado preto).

O sol como expressão da antiga energia mundial é arrancado do céu e trazido para baixo pelo homem moderno, que, por força de seu domínio da técnica, cria uma fonte de energia própria. Essa ideia da ópera está entretecida na simultaneidade dos acontecimentos. A linguagem é ilógica. Vozes isoladas de cantos são poemas sonoros.

O texto da ópera me obrigou a conservar algo da anatomia do corpo humano em meus figurinos. As cores de cada parte dessas folhas são representadas pelos materiais, como em meus trabalhos *Proun*. Ou seja, durante a apresentação, as partes vermelhas, amarelas ou pretas dos figurinos não são pintadas dessas cores, mas sim realizadas com material

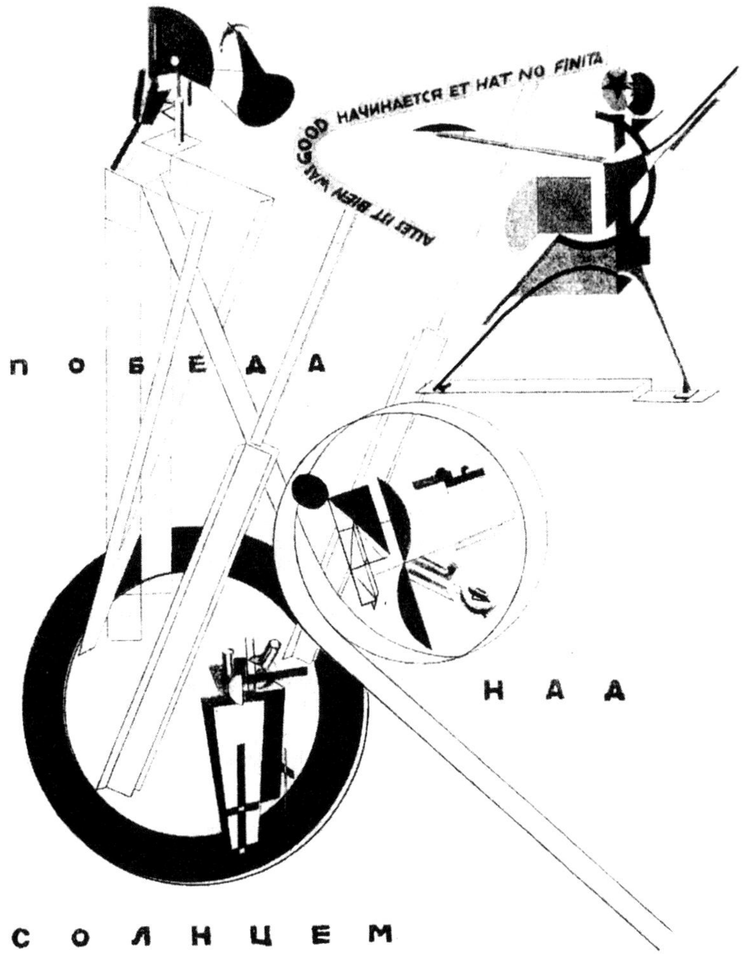

El Lissitzky: "Parte do maquinário de apresentação" extraído da configuração plástica da apresentação eletromecânica *Vitória sobre o sol*, 1920-21

equivalente, como, por exemplo, cobre polido, ferro fosco, etc. A sequência do trabalho e o uso das ideias e formas aqui registradas, isso eu deixo a cargo de outros e procedo à minha próxima tarefa.

Espaço *Proun*
Grande Exposição de Artes de Berlim de 1923[7]

Proun: vide "Moskau", 1919; "MA"; "De Stijl", 1922, nº 6.

Espaço: aquilo que não se vê através do buraco da fechadura, nem através da porta aberta. Espaço não existe apenas para os olhos, não é um quadro; queremos viver dentro dele.

No meio das tralhas do salão de exposições, ao lado da estação ferroviária Lehrter[8], estão inseridos diversos "espaços". Uma caixa foi amavelmente colocada à minha disposição. Há seis superfícies (chão, quatro paredes, teto) que devem ser configuradas. O espaço não deve ser uma sala de estar, pois lá haverá uma exposição. Em uma exposição, percorre-se o entorno da sala. Por isso, esse entorno deve ser organizado de tal modo que as pessoas sejam compelidas por ele próprio a circulá-lo.

A primeira forma que "leva" para dentro as pessoas que chegam do grande salão está diagonalmente posicionada, "levando-as" até a grande horizontal da parede frontal e, de lá, para a terceira parede com as verticais. Na saída — PARE! — , o quadrado abaixo, elemento original de toda a criação. O relevo no teto, posicionado no mesmo campo de visão, repete o movimento. O chão não pôde ser realizado por razões materiais.

7. In: *G 1*. Org. por H. Richter, Red. Graeff, Lissitzky, Richter. Berlim, julho de 1923.

8. Estação ferroviária em Berlim. [N.T.].

O espaço (como local de exposição) é configurado com formas e materiais elementares: linha, superfície e barra, cubo, esfera, e preto, branco, cinza e madeira; e superfícies que são pintadas de forma plana na parede (cor), bem como superfícies que são colocadas perpendicularmente à parede (madeira). Os dois relevos nas paredes geram a problematização e a cristalização de toda a superfície das paredes: o cubo na parede esquerda, em relação à esfera da parede frontal, e esta em relação ao bastão da parede direita — o espaço não é uma sala de estar.

Mostrei aqui os eixos de minha organização espacial. Quero apresentar, por meio dela, os princípios que considero necessários para a organização básica do espaço. Nesse local já existente, procuro tornar claros tais princípios, considerando em especial o fato de se tratar de um espaço de exposição e exibição; para mim, portanto, um espaço de demonstração.

A organização da parede, portanto, não deve ser compreendida como quadro = pintura. Se "pintamos" as paredes ou nelas penduramos quadros, está errado. O novo espaço não precisa e nem quer quadros — ele não é um quadro transposto para superfícies. Isso explica a inimizade dos pintores de quadros para conosco: nós destruímos a parede como suporte para seus quadros. Se quero criar a ilusão de vida em um espaço

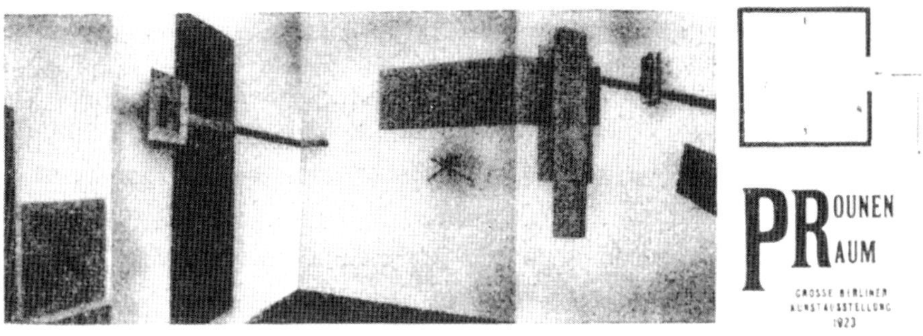

fechado, penduro na parede uma placa de vidro e, atrás dela, não uma tela, mas um dispositivo periscópico que me mostre a qualquer momento os acontecimentos concretos, em suas cores concretas e em seu movimento real.

O equilíbrio que quero atingir no espaço deve ser móvel e elementar, de forma que não seja atrapalhado por um telefone, um móvel de escritório normalizado. *O espaço está ali para o homem — não o homem para o espaço.* Os metros cúbicos que o homem precisa para o descanso, o trabalho e a vida social devem ser unificados, e essa unidade deve poder ser sempre movida, quando necessário, por meio de um sistema de articulação elementar. *Nós não queremos mais o espaço como tumba decorada com pinturas para os nossos corpos vivos.*

El Lissitzky
Haia, maio de 1923

$\sqrt[1924]{+\ \infty\ -\ =}$ NASCI[11]

Já é BASTANTE sempre MÁQUINA,
MÁQUINA,
MÁQUINA,
MÁQUINA,
quando se chega à produção artística moderna.

A máquina não é nada mais do que um pincel, aliás, bem primitivo, com o qual a tela do quadro do mundo é pintada. Todas as ferramentas movimentam forças que visam cristalizar a natureza amorfa — esse é o objetivo da própria natureza.

Seria, no mínimo, uma improdutiva perda de tempo se quiséssemos, hoje, provar que não é necessário escrever com o próprio sangue e com pena de ganso, quando existe a máquina de escrever. Provar, hoje, que a função de toda criação e, portanto, também da arte, não é *re*-presentar, mas *a*-presentar, também é uma improdutiva perda de tempo.

A máquina não nos apartou da natureza. Com ela, descobrimos uma nova natureza, antes nem suspeitada.

9. In: *Merz*, nº 8/9, vol.2, abril/julho 1924. Esse número duplo teve redação de El Lissitzky e Kurt Schwitters.

Do lat. *nasci*, i.e., tornar ou surgir, denomina-se tudo o que se desenvolve, toma forma e se movimenta por si mesmo e por força própria.” [Dicionário enciclopédico *Brockhaus*, traduzido.]

A arte moderna chegou, por caminhos totalmente intuitivos e autônomos, aos mesmos resultados que a ciência moderna. Ela, como a ciência, decompôs a forma até seus elementos fundamentais, a fim de reconstruí-la segundo as leis universais da natureza. E, nessa tarefa, ambas chegaram à mesma fórmula:

TODA FORMA É A IMAGEM MOMENTÂNEA CONGELADA DE UM PROCESSO. PORTANTO, A OBRA É PONTO DE PARADA DO DEVIR, E NÃO OBJETIVO CONGELADO.

Reconhecemos obras que têm um sistema em si, mas um sistema que não se tornou consciente antes, e sim durante o trabalho.

Nós queremos criar a tranquilidade, a tranquilidade da natureza, na qual tensões monstruosas mantêm em equilíbrio a rotação uniforme dos corpos celestes.

Nossa obra não é uma filosofia, nem um sistema de reconhecimento da natureza, ela é um membro da natureza e, como tal, só pode ser objeto de reconhecimento.

Essa é uma tentativa de revelar a vontade coletiva, que já começa a conduzir a produção artística internacional do presente. Ainda há uma guerra civil de antagonismos. Hoje, essa guerra civil é a luta pela sobrevivência da arte.

Em 1924, surgirá a raiz '√' do infinito '∞', que oscila entre o lógico '+' e o ilógico '-', denominada: NASCI.

El Lissitzky
Locarno, Hospital

A. e pangeometria[10]

A visão também é uma A.
(Abreviações: A. = Arte, F. = Forma)

Entre 1918 e 1921, muitas tralhas velhas foram destruídas. Também na Rússia, arrancamos a A. de seu trono sagrado e "cuspimos em seu altar" (Maliévitch, 1915). Em Zurique, na primeira manifestação Dada, a A. foi declarada "excremento mágico", e o homem, "medida de todo alfaiate" (Arp).

Agora na Alemanha, após cinco anos (cinco séculos no calendário antigo), Grosz, por exemplo, se censura apenas por uma coisa: "Nosso único erro foi ter levado essa chamada A. a sério." Algumas linhas depois, porém, ele escreve: "Chamar meu trabalho de A., por isso, depende da crença ou não em que o futuro pertença à classe operária." Estou convencido não só deste último ponto, mas também de que a crença, os excrementos e os alfaiates não são parâmetros universais da A. O epítome A. é um copo graduado. Cada época verte uma determinada quantidade dentro dele; por exemplo: 5 centímetros de perfume "Coty" para fazer cócegas nas narinas das pessoas finas; 10 centímetros de ácido sulfúrico na cara da classe dominante; 15 centímetros de qualquer solução metálica, que depois brilhará em uma nova fonte de luz.

Assim, A. é uma invenção de nosso espírito, um complexo que une o racional ao imaginário, o físico ao matemático, a $\sqrt{1}$ com a $\sqrt{-1}$. A série de analogias que enumero em seguida eu não listo como provas, para isso as próprias obras estão aí, mas sim para esclarecer meu ponto de

10. In: *Europa Almanach. Malerei, Literatur, Musik, Architektur, Plastik, Bühne, Film, Mode, außerdem nicht unwichtige Nebenbemerkungen*. Org. C. Einstein, P. Westheim. Potsdam, Ed. Gustav Kiepenheuer, 1925.

vista. Os paralelos entre A. e matemática devem ser traçados com muito cuidado, pois qualquer intersecção é fatal para A.

Espaço planimétrico

A F. plástica começa, assim como a aritmética elementar, com a enumeração. Seu espaço é a superfície fisicamente bidimensional e plana; seu ritmo, a harmonia elementar da sequência natural de números: 1, 2, 3, 4...

No objeto recém-criado (o objeto da A. é produto da copulação do objeto da natureza com o objeto no qual a obra se realiza — sobre esse tema, ver parágrafo "O objeto da A."), o homem compara, por exemplo, o relevo, o afresco aos objetos da natureza. Quando, por exemplo, em um relevo, o animal que está à frente esconde parte do outro que está atrás, isso não significa que essa parte deixou de existir, mas que há uma distância, um espaço entre esses dois corpos. Cria-se a experiência, o conhecimento de que entre objetos individuais há uma distância, que os objetos existem no *espaço*.

Essa superfície bidimensional deixa de ser apenas plana. Ela começa a retratar um espaço, e surge a sequência de números 1, 1 ½, 2, 2 ½...

Espaço perspectivo

O espaço da superfície que se desenvolve na direção da clareza se alonga e se amplia, cresce, transformando-se em um novo sistema, o qual encontra sua expressão na perspectiva. Parte-se do princípio geral de que a representação perspectiva do espaço é inequívoca, objetiva e óbvia. Dizemos que a máquina fotográfica também trabalha perspectivamente, mas nos esquecemos de que os chineses construíram uma objetiva com lentes côncavas, ao invés de convexas, como nós, obtendo com isso uma imagem do mundo objetiva e mecânica, mas totalmente diferente.

A perspectiva concebeu o espaço, segundo a visão da geometria euclidiana, como tridimensionalidade rígida. Embutiu o mundo em um cubo e o transformou de forma que aparecesse na superfície como pirâmide (a perspectiva central, mais utilizada e pintada no período da Renascença, representava o cubo com um lado paralelo ao nosso rosto; é uma concepção de fachada, a profundidade de um palco, por isso a perspectiva era tão interligada à cenografia). A ponta dessa pirâmide visual fica em nosso olho, ou seja, à frente do objeto; ou nós a projetamos no horizonte, atrás do objeto. A primeira opção foi escolhida pelo Oriente; a segunda, pelo Ocidente.

A perspectiva limitou o espaço, tornou-o finito, fechado. Mas, no entanto, enriqueceu o "corpo de números" da arte (como corpo de números compreende-se o total de todos os números possíveis que pode ser representado geometricamente por uma linha ["a reta contínua"], na qual cada ponto, mesmo os infinitamente próximos, corresponde a um número). O espaço planimétrico nos forneceu a sequência aritmética. Os objetos estão ali de modo proporcional: 1, 2, 3, 4, 5...

No espaço perspectivo, obtivemos uma nova sequência geométrica, os objetos estão aqui em uma proporção: 1, 2, 4, 8, 16, 32... Até a nossa época, o "corpo de números" da A. não teve nenhum enriquecimento. Atualmente, a ciência iniciou reformas básicas. A ordem mundial geocêntrica de Ptolomeu foi substituída pela heliocêntrica de Copérnico. O espaço rígido euclidiano foi destruído por Lobatchévski, Gauß, Riemann. Os impressionistas foram os primeiros a começar a explodir o espaço perspectivo herdado. Decisiva foi a ação dos cubistas. Eles trouxeram o horizonte delimitador do espaço para frente e o identificaram com a superfície pintada. Desmontaram essa superfície concreta por meio de marcas físicas (paredes revestidas, etc.) e com destruições elementares da forma. A partir da superfície do quadro, construíram para frente, entrando no espaço. As últimas consequências são os relevos de Picasso e os contrarrelevos de Tatlin.

Os futuristas italianos utilizaram um outro método. Tiraram a ponta da pirâmide visual do olho. Eles não queriam ficar diante do objeto, mas dentro dele. Estilhaçaram o único centro perspectivo em cacos perspectivos e os espalharam por toda a superfície do quadro. Mas não chegaram às últimas consequências: os instrumentos da caixa de pintura não são suficientes para tanto, seria necessária uma câmera fotográfica.

A apresentação do □ por K. Maliévitch (São Petersburgo, 1913) foi a primeira manifestação da ampliação do "campo de números" da A. (A solução de Mondrian é a última realização na história da pintura europeia ocidental. Ele leva a superfície ao estado original, a *só* plano, não há mais entrada nem saída da superfície. É a última consequência de qualquer fechamento para fora. Se os A.istas estilistas transpuserem o princípio mondriânico para as três dimensões do espaço, eles se tornam decoradores.)

O nosso sistema numérico, chamado notação posicional, já usa o zero (0) há muito tempo, mas somente no século XVI o 0 é visto não como nada, mas como número (Cordano, Tartaglia), como realidade numérica. Somente agora, no século XX, o □ é reconhecido como valor plástico, como um 0 no corpo complexo da A. Esse □ com cores puras, ininterruptamente estampado com cor em uma superfície branca, está criando agora um novo espaço.

As novas experiências óticas ensinam que duas superfícies de diferentes intensidades, mesmo quando estão em um plano, são percebidas como se estivessem a diferentes distâncias uma da outra.

Espaço irracional

Nesse espaço, as distâncias são medidas apenas pela intensidade e posição das superfícies coloridas, estritamente delimitadas. O espaço é segmentado nas direções mais óbvias: vertical-horizontal ou vertical-diagonal. É um sistema de posições. Essas distâncias não podem ser medidas com escalas finitas, como os objetos no espaço planimétrico ou perspectivo. As distâncias são irracionais, não podem ser representadas como uma relação finita entre dois números inteiros.

Um exemplo da irracionalidade é a relação da diagonal de um quadrado com o seu lado, que é = $\sqrt{2}$ = 1,4; ou mais exatamente = 1,41; ou ainda mais exatamente = 1,414; e assim por diante, com exatidão cada vez maior, até o infinito.

O suprematismo colocou no infinito a ponta da pirâmide visual finita da perspectiva. Penetrou o "abajur azul do céu". E não escolheu o único raio azul do espectro para a cor do espaço, mas toda a unidade — o branco. O espaço suprematista pode ser estruturado tanto para frente, adiante da superfície, como na direção da profundidade. Se definirmos a superfície do quadro como 0, podemos considerar negativo (-) o direcionamento para o fundo, e positivo (+) o direcionamento para frente; ou vice-versa. O suprematismo varreu da superfície as ilusões do espaço perspectivo tridimensional e criou a última ilusão do espaço irracional com distensão infinita para o fundo ou para frente.

Somente aqui chegamos a um complexo A.ístico, que podemos contrastar com a analogia matemática das retas ininterruptas, a qual inclui a sequência natural de números inteiros e fracionados, o 0, os negativos e os positivos.

Mas isso ainda não é tudo. A matemática criou uma "coisa nova": os números imaginários. Número imaginário é aquele que, quando multiplicado por si mesmo, resulta em uma grandeza negativa. A raiz quadrada de um negativo é a coisa imaginária i ($\sqrt{1}$ = i). Nós entramos em uma área que não é imaginável, não é capaz de plasticidade, que é consequência da pura construção lógica, uma cristalização elementar do pensamento humano. Mas o que isso tem a ver com a plasticidade, com a compreensão sensual da A.?

Na compulsão vital pela ampliação da F. da A., alguns artistas modernos, muitos deles meus amigos, acreditam construir novos espaços reais multidimensionais nos quais se pode entrar sem guarda-chuva, onde espaço e tempo se tornaram uma unidade e podem ser substituídos um pelo outro. Nesse espaço, faz-se referência, com uma versátil superficialidade, às teorias científicas mais modernas sem conhecê-las (espaços multidimensionais, teoria da relatividade, mundo de Minkóvski, etc.). Mas ao artista produtor são permitidas todas as suas teorias se sua obra for positiva.

Em nossa área, até agora, só a direção da expansão é positiva. Todavia, graças à sedução científica erroneamente interpretada, a própria obra ainda é insatisfatória. As construções inovadoras do novo mundo matemático são sedutoras não apenas para a F. plástica. O próprio Lobatchévski já explodiu o absoluto do espaço euclidiano. Euclides, com a experiência das proporções de medidas terrenas, ampliou um espaço *matemático* que desconhece qualquer curva e, consequentemente, é capaz de construir no plano um quadrado que pode ser medido com uma escala *imutável*. Sobre esse quadrado, pode-se construir um cubo.

Lobatchévski e Gauß foram os primeiros a provar que o espaço euclidiano é apenas um caso na infinita sequência de espaços. Nossos sentidos não são capazes de imaginar, mas é uma característica da matemática o fato de ela ser independente de nossa capacidade de imaginação. Em virtude disso, os espaços multidimensionais de existência matemática não são imagináveis, nem representáveis, nem mesmo materializáveis. Nós só podemos modificar a forma de nosso espaço físico, mas não sua estrutura, sua tridimensionalidade. Não podemos realmente modificar a curvatura de nosso espaço, quer dizer, não podemos transformar o quadrado e o cubo em nenhuma outra forma estável. Somente a Fata Morgana pode simular isso. A teoria da relatividade comprovou que medidas do espaço e do tempo dependem do movimento dos sistemas em que eles se encontram. Segundo essa teoria, uma pessoa pode morrer antes de nascer. Mas, enquanto em nossa prática isso ainda ocorrer em sequência inversa a essa aqui aventada, precisamos nos ater às leis de nossa física para construir F.s de A. que nos afetem por meio de nossos sentidos.

Como novo componente da F. plástica, o tempo vem agora em primeiro lugar. Em seus ateliês, artistas modernos acreditam criar uma unidade de espaço e tempo que podem se substituir reciprocamente. Espaço e tempo são espécies diferentes. O espaço de nossa física é tridimensional. No tempo, porém, não se pode atingir profundidade, altura, largura — o tempo é unidimensional. Nós diferenciamos o espaço físico tridimensional dos espaços matemáticos multidimensionais. Tempo só existe um, tanto na física quanto na matemática. Não conhecemos espaço fora dos objetos, e vice-versa. Configurar o espaço significa configurar objetos. Objetos podem ser decompostos em elementos. O tempo é contínuo, não pode ser decomposto em elementos. O espaço é *segmentado*, o tempo é *sequencial*. É preciso ter clareza disso para compreender o que se segue.

Nossos sentidos têm uma determinada capacidade de compreensão; por meio de instrumentos técnicos, nós aumentamos essa capacidade. Mas, por enquanto, isso é uma multiplicação do existente, e não ainda uma transmutação básica.

Vejamos um exemplo. Nosso campo visual tem limites nos quais há diferenças quanto ao tamanho aparente, mas não quanto à distância aparente. Neles, todos os objetos se localizam a uma mesma distância aparente. Uma máquina fotográfica só consegue ampliar o campo visual, como demonstra uma foto realizada a 3 mil metros de altura.

Ou, ainda, nós vemos a transição de uma curva do bidimensional para o tridimensional, mas a transição da curvatura tridimensional para a tetradimensional não pode ser percebida por nossa visão, nem pelo tato.

O tempo é percebido indiretamente por nossos sentidos, a alteração do estado de um objeto no espaço o denuncia. Quando a rapidez dessas alterações chegou aos ritmos modernos, os artistas se viram compelidos a registrá-la. Os futuristas italianos ainda pintaram a cintilação dos corpos que atravessavam e cruzavam o espaço com rapidez. Mas corpos são postos em movimento por forças. O suprematismo configurou a tensão dinâmica das forças. As produções dos futuristas e suprematistas são superfícies estáticas que representam a dinâmica. São tabelas de curvas de rapidez e dinamismo transpostas para a irracionalidade e sensualizadas. Não satisfez. Queriam representar o movimento pelo movimento. A solução de Boccioni foi de feitio naturalista. Ele ligou uma parte de sua plástica a um motor, de forma a imitar o movimento orgânico do corpo. Tatlin e os construtivistas em Moscou simbolizaram o movimento. Cada corpo do "Monumento à 3ª Internacional" gira em seu próprio eixo com uma certa velocidade: um ano, um mês, um dia. Prusakov construiu, em 1921, um relevo móvel que simboliza, ou caricaturiza, com um toque dadaísta, a reunião de um comitê de fábrica. Gabo estilizou o movimento pendular de um metrônomo (Exposição de Arte Russa em Berlim, 1922). A única coisa importante foi realizada pela propaganda dinâmica moderna, pois ela surgiu da necessidade de influenciar nossa psique, e não por reminiscências estéticas.

Nós nos encontramos, agora, no início de um período no qual A., por um lado, está se degenerando em um pastiche de todos os monumentos dos museus e, por outro, luta pela criação de uma nova expressão espacial. Demonstrei acima que espaço e objeto têm uma relação funcional de reciprocidade. Surge a tarefa de configurar o espaço *imaginário* por meio de um objeto material.

Espaço imaginário

Nossa capacidade visual é limitada na percepção do movimento e, mais ainda, da condição absoluta dos objetos; por exemplo: um movimento volátil com uma periodicidade menor que 1/30 de segundo provoca a impressão de movimento constante. O filme é montado com base nessa característica. A adoção do filme como meio para realizar as tarefas da F. dinâmica pelo movimento real é um feito decisivo de

V. Eggeling e seus seguidores. Esse é um primeiro passo na direção da construção do espaço imaginário, mas o filme é apenas uma projeção desmaterializada sobre uma superfície, e ele só utiliza uma característica da capacidade visual. Sabemos, todavia, que um ponto material pode formar uma linha, que, por exemplo, um carvão em brasa em movimento dá a impressão de uma linha brilhante, e que a movimentação de uma linha material causa a impressão de uma superfície e de um corpo. Isso é apenas uma sugestão de como se pode montar um objeto material com corpos elementares, de modo que, em estado de repouso, ele forme uma unidade em nosso espaço dimensional e, quando posto em movimento, gere um objeto totalmente novo, ou seja, uma nova expressão espacial que só existe enquanto o movimento dura, sendo, portanto, imaginária.

Os efeitos infinitamente variados do espaço *imaginário* realizáveis por meio da F. já passam (uma pequena parte deles) por nossas mentes. Uma série de características de nossa capacidade visual deve ser aproveitada. Os efeitos estereoscópicos causados pelo movimento quando ele passa por mídias coloridas. As impressões de cores que surgem pela sobreposição de feixes de raios coloridos, pela polarização, etc. A transformação de ocorrências acústicas em óticas. Já se pode prever que o consumo diário terá muito o que tomar emprestado dessa realização A.ística.

Para nós, no entanto, é extremamente importante que essa F. de A. traga consigo a aniquilação do antigo conceito A.ístico da monumentalidade. Hoje, ainda reina a opinião de que A. é aquilo que é criado para a eternidade, que, portanto, deve ser indestrutível, pesada, massiva, esculpida em granito e fundida em bronze. A pirâmide de Quéops. A torre Eiffel não é monumental, pois, como atração para uma exposição mundial, não foi construída para a eternidade, não é uma massa fechada, mas uma coluna rendada cheia de buracos. E agora construímos uma obra cujo efeito não é completamente evidente, visto que monumental para nós não é a obra que permanece por um ano, ou um século, ou um milênio, mas a permanente expansão das realizações humanas.

Aqui eu tracei a variabilidade de nossa percepção espacial e as F. de A. correspondentes, e cheguei a uma *materialidade imaterial*. Isso parece um paradoxo. Mas fatos comprovam que "o avanço consiste em sermos levados a considerar evidentes e necessários os pontos de vista que nossos antepassados consideravam incompreensíveis e eram incapazes de entender".

El Lissitzky

Salas de demonstração[11]

Tarefa

A direção da Exposição de Arte Internacional de Dresden de 1926 me chamou em Moscou para montar a sala para a nova arte (construtiva).

Local e objetivo

As grandes exposições internacionais de quadros se comparam a um zoológico, no qual milhares de bestas diferentes urram concomitantemente para os visitantes. Na minha sala, os objetos não devem se lançar todos ao mesmo tempo sobre o observador. Se ele, ao passar pelas paredes com quadros, é envolvido por uma certa *passividade*, nossa configuração deve tornar o homem *ativo*. Esse deve ser o objetivo de nossa sala.

11. In: *Die Baugilde*, p. 1370-1372. Berlim, outubro de 1928.

Demandas do objeto de demonstração

O material de configuração da nova pintura é a cor. A cor é uma epiderme sobre um esqueleto. De acordo com a construção do esqueleto, a epiderme é cor pura ou tom. Ambos exigem iluminação e isolamento diferentes. A fim de propiciar as condições para efeitos semelhantes em todos os trabalhos, deve-se criar a melhor ótica para essa sala de exibição, da mesma forma que se implementa a melhor acústica para a sala de concerto.

Desdobramento da tarefa

a) Pode-se tentar criar o melhor fundo para os quadros com os próprios meios da pintura. Pinta-se na parede, para cada quadro, um retângulo em cor correspondente — e pronto. Lá está a própria parede como quadro diante de mim, e pendurar um Leonardo sobre um afresco de Giotto é uma bobagem.

b) Concebi as quatro paredes da sala que me foi concedida não como paredes de suporte ou proteção, mas como fundos óticos para a pintura. Por isso, eliminei as superfícies das paredes como tais.

c) A sala deveria ter diversos trabalhos. Mas me impus como meta evitar a sensação de local abarrotado.

d) A luz pela qual o efeito da cor se manifesta deveria ser regulada.

e) A sala não deveria ser um salão com decoração particular, e sim representar um padrão de salas nas quais a arte nova é mostrada ao público.

A solução para:

a) e b) Instalei finas ripas (7 centímetros de profundidade) verticais ao longo da parede, a uma distância de 7 centímetros umas das outras, e pintei o lado esquerdo de branco, o lado direito de preto, e a própria parede de cinza. Assim, os senhores verão, pela frente, uma parede cinza; pela esquerda, uma parede branca; pela direita, uma preta. As imagens

Parede com janela no gabinete dos abstratos.

Ambos os lados das vitrines aquecedoras que tinham quatro superfícies de observação e podiam ser giradas pelos visitantes. À esquerda, uma escultura de Archipenko diante de uma superfície espelhada. À direita, uma composição de Lissitzky, "Schwebender Körper" (Corpo flutuante). A iluminação direta foi atenuada por uma cobertura de tecido, e a metade inferior da janela foi sombreada por lamelas móveis, o que possibilitava a regulagem da claridade.

El Lissitzky, "Schwankender Körper" do arquivo Lissitzky da Sociedade Kestner, Hannover

El Lissitzky: Sala de exposição
com paredes de ripas

aparecem, de acordo com a posição do observador, sobre branco, preto ou cinza — elas adquirem vida tripla.

c) Quebrei o sistema de ripas progressivas usando caixas inseridas nos cantos da sala (cinco peças com 1,10 por 1,90 metros de largura). A metade delas fica coberta por uma superfície deslizante (uma folha de ferro perfurada). Há um quadro no alto, e outro embaixo. Quando um está visível, o outro pode ser apenas vislumbrado através da grade. Com isso, consegui colocar nessa sala uma vez e meia mais quadros do que em outras, mas, ao mesmo tempo, que apenas metade deles fosse vista.

d) Todo o teto da sala funciona como iluminação superior (pano cru esticado). Usei azul ao longo de uma das paredes frontais, e amarelo ao longo da outra, de modo que uma ficou com iluminação fria, e a outra, quente.

e) Por meio da configuração desses princípios definidos, foi possível concretizar não um simples objeto banal de artes aplicadas, mas estabelecer um modelo que apenas espera ser padronizado.

O efeito

Ao entrar na sala (a entrada/saída lembra a forma de uma moldura para as artes plásticas), o observador tem diante de si uma parede cinza; à esquerda, uma branca; à direita, uma preta. Graças às diferentes larguras das caixas, os eixos de visão são deslocados dos eixos simétricos das portas, surgindo assim o ritmo do todo. A cada movimento do observador na sala, o efeito das paredes se altera: o que era branco se torna preto, e vice-versa. Assim surge, como consequência do caminhar humano, uma dinâmica ótica. Esse jogo torna o observador ativo. O jogo das paredes é complementado pelo vislumbre das caixas. O visitante empurra as superfícies furadas para cima ou para baixo, descobre novos quadros ou encobre aquilo que não lhe interessa. Ele é fisicamente obrigado a se ocupar dos objetos expostos.

Cabine de exposição M no Museu de Hannover

O segundo trabalho é a sala para a coleção da nova arte (a partir do cubismo) no Museu de Hannover. A luz aqui entra por uma janela, que toma quase a parede inteira. Meu objetivo era transformá-la em uma luminária que deixasse apenas o suficiente de luz entrar. À janela, estão duas mesas envidraçadas, nas quais giram, em um eixo horizontal, dispositivos com quatro superfícies cada, onde foram expostas as aquarelas e semelhantes. O canto com um espelho embutido na parede foi desmontado para receber uma pintura. Na parede seguinte, destinada a trabalhos maiores, foi embutida uma vitrine que se movia horizontalmente (como uma porta de correr); na terceira parede, onde se colocaram dois trabalhos, instalou-se uma caixa verticalmente deslizante; e, na quarta parede, uma caixa com uma persiana basculante para abrigar três quadros. Como a luz vem do canto (não do alto, como em Dresden), a pintura (também branca-cinza-preta) se dá em outra sequência. As ripas devem ser feitas de inoxidável (aço Krupp, que não enferruja).

M

A intenção era produzir um efeito por meio de luz elétrica com alterações periódicas, mas infelizmente não foram instalados cabos nesse novo complexo de salas.

III RELATOS SOBRE ARQUITETURA E PLANEJAMENTO URBANO NA URSS, 1928-1933

M. J. Guinsburg, Moscou:

Arquitetura contemporânea na Rússia[12]

A situação da arquitetura moderna na Rússia, pelo menos aquela que diz respeito a fatores decisivos, só pode ser compreendida com o conhecimento das condições de vida na URSS.

Por esse motivo, pretendo inicialmente apontar os fatos que estão obstruindo o desenvolvimento progressivo da arquitetura e, sobretudo, sua influência sobre a prática.

Em primeiro lugar, devo dizer que a situação econômica comparativamente ruim da União Soviética é consequência dos pesados e longos anos de guerra e pós-guerra. De qualquer forma, as circunstâncias nessa área têm melhorado e se estabilizado a cada ano. Alguns dados numéricos relativos ao capital investido em novas construções de vários tipos nas cidades grandes durante os últimos anos podem servir para esclarecer o estado atual do país.

Além disso, é importante também chamar a atenção sobre a intensa atividade construtora, sobretudo nos últimos anos, em algumas pequenas cidades — capitais e centros importantes de Repúblicas que se integraram à União Soviética. Entre elas, podemos citar Ksil Orda, Alma-Ata

12. In: *Die Baugilde*, p. 1370-1372. Berlim, outubro de 1928.

(Bilhões de rublos)

Anos / Tipo de construção	1924-25	1925-26	1926-27	1927-28
Industriais	370	811	90	1.166
Eletrificação e construções afins	45,2	72,1	151,9	202
Habitação e prédios públicos	261		265	456

e Tchembal, no Cazaquistão; Mahatch-Kala, no Daguestão; Frunze, na Quirguízia da RSSA[13], e Elista, na região de Calmúquia.

O sensível atraso de nossa técnica, de maneira geral, e especialmente da técnica construtora, é mais um empecilho ao desenvolvimento da arquitetura moderna na URSS. Enquanto em todos os países ocidentais, inclusive nos Estados Unidos, o excepcional progresso da técnica é o verdadeiro impulsionador do novo movimento arquitetônico, na Rússia, infelizmente, a técnica e suas possibilidades estão pouco desenvolvidas, atrás dos grandes problemas sociais da arquitetura moderna, que ganharam relevo devido às condições de vida dos operários após a Revolução de Outubro.

O terceiro e último importante empecilho, contra o qual a arquitetura moderna russa tem de lutar, ocorre certamente da mesma forma em todos os países: é o conservadorismo da geração mais velha de arquitetos e engenheiros, que tiveram sua formação nas academias e instituições de ensino semelhantes do período pré-guerra. Eles não querem saber da vivacidade da arquitetura atual e tentam impedir seu crescimento. No entanto, o número de pessoas com intenções retrógradas, no sentido aqui mencionado, se reduziu sensivelmente nos últimos anos. Assim, se muitas das novas construções não satisfazem às demandas do presente, sendo então caracterizadas como falhas, isso não é, de forma alguma,

13. República Soviética Socialista Autônoma. [N.T.]

culpa da oposição, nem se deve ao fato de os construtores terem talvez se rendido a princípios antiquados. Isso acontece apenas porque nós não temos uma visão clara de nossa vontade e de nossos objetivos, e porque o novo conceito não tem a capacidade de adequação necessária aos seus meios de expressão.

Além disso, algumas circunstâncias estimulam a nova arte da construção. Seu progresso — na medida em que podemos falar de progresso — justifica a esperança de que, com os anos, a arquitetura moderna ganhe um significativo espaço moral e na prática.

Os pressupostos sobre os quais fundamentamos essa esperança são os seguintes:

1. Há, principalmente, um crescimento acelerado de nossa força econômica e um real progresso da tecnologia. Por exemplo, nossa produção de carvão e nafta e a indústria de algodão estão, respectivamente, 23% e 12,5% maiores do que antes da guerra. O patrimônio do povo, que durante a guerra e a guerra civil foi fortemente reduzido, cresce a olhos vistos nos últimos anos. Enquanto em 1924-25 o patrimônio de nossa economia nacional foi avaliado em 55 bilhões de rublos, esse valor se elevou em 9,5 bilhões (17,5%) nos últimos quatro anos.

No mesmo ritmo cresce a atividade construtora. Nos últimos três anos, investiu-se cerca de 10,5 bilhões de rublos em novas construções, tendo sido aplicados, somente no ano de 1928, mais de 5 bilhões: isto significa um acréscimo de 20 a 25%. E é preciso salientar que grande parte desse valor é relativa apenas a custos diretos de construção; os gastos com equipamentos e instalações (3,5 bilhões em 1928) não foram contabilizados.

2. A forma especial de nossa organização social e detalhes de nossa legislação asseguram grandes possibilidades de desenvolvimento à arte da construção moderna. A ausência de propriedades privadas e, com isso, de interesses privados, geralmente contraditórios, permite planejamentos urbanos e rurais para regiões populosas com foco no bem geral, que podem ser modificados a qualquer momento, se necessário. Da mesma

forma, o fato de o Estado controlar a economia e, sobretudo, concentrar todos os grandes projetos de construção possibilita uma abordagem planejada das tarefas da industrialização da construção, bem como sua tipificação e regulamentação.

3. Uma condição que deve estimular especialmente o trabalho do arquiteto moderno na Rússia é o surgimento de um novo grupo de clientes: a massa de trabalhadores livres de preconceitos devidos ao gosto e que não estão ligados a nenhuma tradição, dois fatores que dominam de forma decisiva o pensamento do pequeno burguês. Por causa de sua situação econômica, os milhões de trabalhadores não são grandes amigos de bibelôs, arabescos ornamentais e imagens de santos, aqueles milhares de futilidades que enchem a residência burguesa. Esses milhões de trabalhadores são todos, sem dúvida, apreciadores da arquitetura moderna. Sua renúncia a desejos pessoais, que obstruem planejamentos uniformes, facilita a passagem para a construção estrutural, para a industrialização do processo construtivo mediante a fabricação em série, como conhecemos das melhores produções técnicas.

4. Um fato de grande significado é também o crescente interesse do público por questões arquitetônicas. Na imprensa, já se atribui hoje grande importância à técnica, e os problemas da arte da construção ocupam grande espaço. Discussões sobre questões técnicas nas assembleias de trabalhadores estão se tornando rotina. Além disso, agora fazemos extensas pesquisas entre os moradores dos novos edifícios a fim de, por um lado, conhecermos as reais necessidades do trabalhador e, por outro, despertarmos neles a compreensão das formas simples e racionais da arquitetura atual.

5. Uma outra consequência das circunstâncias descritas é a formação de novas associações de arquitetos que rompem com a tradição acadêmica. Entre elas, incluem-se, por exemplo, a Asnova (Associação dos Arquitetos Modernos) e a OSA (Associação dos Arquitetos Modernos — arquitetos construtivistas). A OSA reúne jovens arquitetos de dez cidades da URSS, que se sentem unidos por um mesmo ideal, por métodos de trabalho

semelhantes, e que têm o objetivo comum de solucionar da mesma forma todas as grandes tarefas arquitetônicas impostas pela Revolução.

6. A influência e o prestígio da arquitetura moderna são cada vez maiores nas faculdades e instituições de ensino técnico. Assim foi nas faculdades de Moscou, nos Vkhutein e MVTU, onde, nos últimos anos, o ensino de arquitetura foi reformado em sua base, tendo agora os antigos métodos de estudo um papel insignificante. Por isso, estes não exercem mais nenhuma influência direta sobre os projetos dos estudantes. A ênfase do ensino está muito mais em algumas disciplinas totalmente novas, como, por exemplo, a teoria de composição arquitetônica e a teoria de espaço e cor.

Estão surgindo jovens arquitetos que nunca mais vão retroceder para as visões do ecletismo do período pré-guerra, sobre os quais recai a grande tarefa de construir com novo espírito. Não apenas em Moscou a nova arte da construção faz progressos. Partindo de Moscou, os fundamentos da arquitetura moderna se propagam em Leningrado, Khárkov, Kíev, Tomsk, Kazan, Baku, Tbilisi, entre outras; e não há dúvida de que, no decorrer dos próximos três a cinco anos, não haverá mais nenhuma escola na União Soviética que mantenha a tradição do ecletismo.

7. Além disso, devemos salientar que, na Rússia soviética, toda construção é regulamentada pelo Estado, segundo um novo sistema. Certamente, existem ainda muitas falhas e muitas coisas não testadas nesse sistema. No entanto, para nós, a passagem de uma administração da construção privada e não regulamentada para uma outra planejada e centralizada, para a racionalização e a redução dos custos, significa um avanço indiscutível. O Comitê de Construção da RSFS da Rússia é um órgão com poderes ilimitados para toda a área da construção e para sua racionalização no país.

Os pontos de vista aqui enumerados, que influenciam o desenvolvimento da arquitetura de maneira em parte inibidora, e em parte estimulante, conferem à situação da Rússia um caráter peculiar. Se até agora apenas poucos projetos puderam ser executados, cada ano que passa traz novos sucessos notáveis. Os poucos edifícios modernos construídos até o momento devem ser vistos, portanto, como precursores. O período seguinte, porém, deverá já trazer várias obras arquitetônicas em conformidade com os pontos de vista modernos. De qualquer forma, a totalidade dos fatos aqui objetivamente apresentados nos dá a certeza de que a arquitetura atual da Rússia vai ganhar espaço a cada ano.

P. Martell, Berlim:

A legislação sobre as habitações na Rússia soviética[14]

A Revolução Comunista da Rússia, certamente o maior acontecimento social de todos os tempos, desapropriou as propriedades privadas. Isso criou na área da habitação as condições mais peculiares possíveis. O proprietário russo de casa ou terreno teve declarada a perda de sua propriedade em nome da Revolução Comunista, em favor da República Soviética Comunista. O Estado russo passou a ser o proprietário único e supremo de todo terreno e residência privada, mas repassou às administrações municipais a tarefa nada fácil, em termos organizacionais, de tornar utilidade pública as propriedades residenciais recebidas. Com isso, surgiu para as administrações municipais russas o problema, ainda mais complicado, mas nem por isso menos importante, de remediar a falta de moradias com novas construções.

14. In: *Wohnungswirtschaft*, caderno 23, p. 140-143. Berlim, 1928.

A construção de novas moradias deparou-se com a falta generalizada de materiais, hoje ainda não superada, apesar de algumas cidades russas terem realizado novas construções. Mas o número dessas construções é tão baixo que elas continuam não tendo nenhum significado prático para a questão habitacional no país. Muito mais importante para a Rússia soviética do que a construção de novas habitações é a manutenção, no sentido técnico, de antigos edifícios residenciais. Com a catastrófica falta de materiais, os órgãos municipais russos não têm nenhuma possibilidade de manter tecnicamente a enorme quantidade de propriedades residenciais postas aos seus cuidados. Assim, a marca registrada dos edifícios russos urbanos, com raras exceções, são as extensas e assustadoras negligência e destruição. E a ruína é ainda mais intensa nas cidades do norte da Rússia, onde o clima dos longos e rigorosos invernos afeta fortemente as casas. As canalizações dessas cidades estão bastante prejudicadas. Faltam com frequência os canos necessários para reposição daqueles rachados pelo gelo, o que provoca condições calamitosas de higiene, as mais desagradáveis.

A desapropriação quase ilimitada das propriedades na República Soviética se apoiou inicialmente nos "Direitos fundamentais do povo trabalhador e explorado", de 13 de janeiro de 1918. Ali está escrito literalmente: "A propriedade privada da terra fica suspensa; todas as terras são declaradas patrimônio do povo e repassadas aos trabalhadores sem indenização, com base no uso compensatório da terra. Todas as florestas, o subsolo e as águas de importância nacional, todos os bens móveis e semoventes, propriedades rurais exemplares e empresas agrícolas qualificadas são declaradas propriedade nacional".

Esta lei de desapropriação atingia apenas as propriedades rurais. A desapropriação das propriedades urbanas foi realizada por meio de várias leis. A lei de 20 de outubro de 1917 determinava a entrega das residências às administrações municipais autônomas e autorizava o poder municipal a confiscar residências inabitadas, a fim de colocá-las à disposição da população pobre. Um outro decreto, de 14 de dezembro de 1917, proibia qualquer tipo de especulação imobiliária. Ao mesmo tempo, todas as transações legais de compra ou empenho de terras de propriedade municipal foram declaradas nulas; quem violasse essa proibição era ameaçado com penas severas. Na prática, o confisco dos imóveis foi total e completo, pois tanto as comunidades quanto os sovietes locais tinham o direito ilimitado de dispor sobre as residências. A desapropriação estava nas mãos da chamada comissão habitacional, que dispunha arbitrariamente sobre todos os terrenos municipais. Havia uma clara preferência em escolher antigos porteiros como presidentes dessa comissão. A Comissão Habitacional Central, sediada em Moscou, tinha poder decisivo em todas as questões.

Em contrapartida à desapropriação, o comunismo russo foi compelido nos últimos tempos, querendo ou não, a reconstituir até certo ponto a capacidade legal burguesa. O novo direito do solo russo se desenvolveu de tal forma que gerou o quadro descrito a seguir, em traços gerais, no que diz respeito ao direito do solo urbano. A fim de justificar, inicialmente, a execução legal do planejamento na administração urbana russa, o governo soviético exigiu que todas as cidades definissem suas fronteiras com exatidão. Essa clara divisão entre cidade e campo é indispensável, já que propriedades urbanas e rurais recebem tratamento legal parcialmente diferente. Uma lei de 7 de dezembro de 1925 obrigava todas as cidades a definir suas fronteiras até 1º de janeiro de 1929. Mas as cidades russas atenderam lentamente a essa exigência do governo soviético; até o fim de 1926, apenas cerca de 40% delas havia regularizado suas fronteiras. Durante esses trabalhos de medição, revelou-se um fato notável: inúmeras pequenas cidades russas e siberianas não tinham os documentos necessários para a medição. Muitas vezes faltavam mapas das cidades em condições de uso, ou eles estavam tão ultrapassados que não serviam mais. Na cidade siberiana de Kainsk, com 10 mil habitantes, o último mapa disponível da cidade datava de mais de cem anos.

Com a lei soviética de 13 de abril de 1925, a situação dos terrenos urbanos foi regulamentada. As administrações municipais receberam o direito exclusivo de administrar e utilizar o solo urbano. Elas têm, portanto, o monopólio quase ilimitado, com autoridade soberana, para a regulamentação do uso do solo. Esse direito ilimitado de disposição sobre imóveis e terrenos sofre restrições apenas no caso de os órgãos governamentais centrais precisarem de propriedades municipais para fins mais importantes — ferrovias, campos militares, etc. Se um órgão governamental central precisa de uma propriedade municipal, ele deve, primeiramente, por um procedimento especial, chegar a um acordo com a administração municipal em questão; em seguida, o acordo fechado é apresentado à comissão para questões internas. A decisão final é tomada por decreto do Conselho dos Comissários do Povo, a maior autoridade da União Soviética. Em todos os outros casos, o direito de uso de uma casa ou de qualquer terreno dentro dos limites urbanos só pode ser exercido pela administração municipal. Portanto, a cidade é a mais alta instância jurídica para todo direito de uso de propriedade imobiliária.

As cidades russas, principalmente as maiores, logo reconheceram que, mesmo com a melhor organização, não era possível administrar as casas de forma central, devido ao seu grande número. A maior parte delas, então, se absteve de fazê-lo. Assim, repassaram o uso e a administração de suas casas para cidadãos ou corporações públicas ou privadas. A entrega ocorreu com base em um contrato que garante determinados direitos de uso, que podem, eventualmente, ser passíveis de gerar uma ação.

A União Soviética comunista introduziu dois tipos de renda fundiária: renda imobiliária e renda diferencial ou renda complementar. Elas se fundamentam na lei russa de 12 de novembro de 1925, que trata do imposto sobre a renda relativa a imóveis municipais e semelhantes, cuja arrecadação é aplicada nos transportes.

A renda imobiliária representa um imposto que deve ser pago ao Estado como o mais alto e único proprietário fundiário. Esse imposto deve ser descontado de cada casa e terreno que se situem dentro dos limites urbanos, valendo o mesmo em todas as áreas da cidade. Importante observar que essa "igualdade" valoriza as casas da mesma maneira, mas não considera a situação dos transportes na região do terreno, o que com certeza não gera uma renda imobiliária justa. O valor da renda imobiliária a ser pago ao Estado é calculado de forma aproximada, segundo a quantia costumeiramente obtida pelas propriedades agrárias ao redor da cidade. Portanto, não existe uma renda imobiliária unificada, cada cidade russa paga ao Estado uma renda imobiliária diferente. Como o valor da renda imobiliária depende indiretamente da rentabilidade da agricultura do entorno da cidade, as cidades grandes pagam uma renda imobiliária mais alta do que as pequenas, não só porque possuem um terreno urbano maior, mas também porque, por serem grandes, são as mais fortes consumidoras da agricultura de seu entorno. Assim, elas garantem maior receita agrária e, proporcionalmente, maior lucro. Nesse sistema, o cálculo da renda imobiliária se calca, sem dúvida, em uma base bastante instável.

A segunda renda fundiária russa comunista é a chamada renda diferencial; comparando com a renda imobiliária nacional, é uma renda complementar em favor da cidade. A renda diferencial é paga ao município pelo proprietário da casa ou usuário do imóvel pela cessão de uso da casa. Ela tem, portanto, valores diferenciados, sendo calculada segundo o tamanho e a localização do terreno.

Terrenos federais ou municipais que servem a propósitos da própria cidade estão isentos do pagamento de qualquer renda. Para verificar quais rendas imobiliárias e diferenciais municipais devem ser taxadas, o governo soviético utilizou comissões especiais de avaliação, que deveriam se basear na imparcialidade. Foi criada uma comissão de avaliação central como instância mais alta para toda a União Soviética. Como se sabe, a União Soviética é formada por repúblicas, como, por exemplo, a Ucrânia, e cada uma das repúblicas aliadas tem uma comissão de avaliação nacional própria, à qual as comissões de avaliação regionais são subordinadas. Descendo ao nível organizacional, há as comissões de avaliação provinciais, que tratam da avaliação das rendas imobiliárias e diferenciais das cidades situadas na província em questão. Pode-se convocar a comissão regional contra as decisões das comissões provinciais.

Na prática, contudo, nenhuma das duas rendas fundiárias teve grande importância para a arrecadação nacional, já que ficaram muito abaixo das estimativas. O valor total da renda imobiliária havia sido calculado em 9 milhões de *tchervonets*, cerca de 18 milhões de marcos do Reich, porém, na verdade, eram arrecadados anualmente apenas cerca de 3 milhões de *tchervonets*.

A lei soviética de 29 de maio de 1924 também regulamentou, de certa forma, a tarifação da renda imobiliária, mas logo ficou claro que essas tarifas haviam sido fixadas num valor muito alto, já que, em muitos casos, ultrapassavam o valor dos arrendamentos. Atualmente, o governo já tentou criar condições econômicas suportáveis por meio de vários decretos, com a redução das tarifas de cada cidade. A fim de fornecer uma visão da economia fundiária da União Soviética, seguem-se alguns dados extraídos de um relatório do Comissariado do Povo para Questões Internas. Esse estudo oficial, feito em 251 das 539 cidades da República Soviética Russa, dividiu o solo dentro dos limites da cidade em quatro categorias.

A primeira abrange o solo sob administração direta dos órgãos federais centrais, que é aproximadamente 4,4% de todo o solo municipal. A segunda, as áreas em construção e habitacionais, ou seja, a própria área residencial das cidades, que consiste em cerca de 12,6% da área total. A terceira categoria reúne áreas públicas livres para transporte, locais de descanso e de lazer, cemitérios, inclusive áreas destinadas a lixo e excrementos; entre elas, contam-se também rios e lagos. Essas áreas públicas livres tomam 12,4% da área total do solo municipal. Como uma parte significativa das cidades russas ainda não tem canalização, há os chamados locais de despejo, que, em algumas cidades, ocupam áreas nada pequenas, chegando muitas vezes a até 2%. A quarta categoria inclui as chamadas "propriedades utilizáveis", que tomam em torno de 70,6%. São sobretudo pastos, campos de plantação, gramados, pomares e hortas. Note-se que, nos primeiros anos após a Revolução, as cidades suspenderam o cultivo do solo, de forma que se espalhou um estado de negligência geral. Somente nos últimos anos retomou-se o cultivo do solo, mesmo que de maneira ainda muito modesta. Em parte, os valores de arrendamentos altos demais exigidos pelas cidades também foram responsáveis por isso. Assim, em 1925, a média do valor dos arrendamentos para hortas era 62 marcos do Reich por hectare e, para plantações, 14 marcos do Reich. Por isso, grande parte do solo municipal continua improdutiva.

Nas cidades russas, no entanto, começa também a surgir, lentamente, uma certa economia planejada. A demanda pela construção de novos edifícios despertou um grande interesse nas administrações municipais, mas, como nos primeiros anos de existência da República Soviética faltavam todos os meios para construções, tudo o que foi bastante discutido na área político-estatal da União Soviética permaneceu na teoria. Terrenos para construção podem ser adquiridos apenas pela administração municipal, pois é a detentora suprema da propriedade, assim como a cidade também controla todas as novas construções. Houve uma grande falta de moradias nas cidades russas, porque vários habitantes do campo buscaram acolhida e refúgio nas cidades, por conta das insuportáveis condições no campo. Mesmo que os círculos dirigentes do governo soviético já estejam bastante familiarizados com os conceitos de urbanismo moderno, esse conhecimento inexiste em algumas administrações municipais.

Por meio de várias circulares, o governo procura despertar o gosto pelo urbanismo moderno, mas seu sucesso é apenas moderado. Em 1922, o Comissariado do Povo para Assuntos Internos em Moscou inaugurou um arquivo central que teria a tarefa de reunir e organizar os planejamentos de todas as cidades russas. Tanto em Moscou quanto em Leningrado, foram erguidos museus que tratam exclusivamente de tarefas comunalistas. No mesmo sentido caminha a Faculdade de Ciências Comunalistas de Leningrado, fundada em 1923. Não há falta de arquitetos: concursos urbanísticos revelam excelentes talentos arquitetônicos; mas, por fim, os projetos caem no esquecimento, já que faltam meios para a sua concretização. O empobrecimento hoje dominante em toda a Rússia impede qualquer desejo maior de chegar à sua implementação prática.

A União Soviética teve de optar, como em todas as coisas, também pela criação de um novo direito de construção. A primeira lei revolucionária desse tipo surgiu em 8 de agosto de 1921, transformada em seguida na lei de 14 de agosto de 1922, que dispõe sobre o direito de construir, a qual obteve uma certa base sólida. Essa lei, na verdade, também foi modificada muitas vezes, como pela lei de 21 de novembro de 1927, que definiu as diretrizes para o contrato de direito de construir. Segundo esta última, o detentor do direito de construir recebe dos órgãos municipais o direito de uso de um determinado terreno, construído ou não, por um período de 65 anos, para construções em tijolo, e até 50 anos para construções de madeira. O detentor do direito de construir, por sua vez, assume o compromisso de construir no pedaço de terra. A fim de estimular as pessoas a construir, as leis imobiliárias soviéticas ampliaram várias vezes o período de uso do terreno; de 40 anos, no início, chegou-se hoje a 65 anos. Com o vencimento do direito de uso, as construções passam a ser propriedade da cidade. E é importante mencionar que a República Soviética comunista aboliu, em princípio, o direito de herança. No entanto, durante o período de uso de 65 anos, é permitida a doação por herança. Da mesma forma, o direito de construir pode ser alienado e hipotecado.

O contrato do direito de construir é concedido mediante o pagamento de um valor de arrendamento à cidade. Quando se trata da construção de edifícios residenciais, em que pelo menos 75% da área construída deve ser residencial, são concedidos benefícios especiais. Como um direito de uso fixado em 65 anos é algo bastante grande, no que diz respeito à sua duração, pode-se, na prática, falar em "propriedade", apesar de a doutrina governamental do comunismo se opor e negar completamente o conceito de propriedade.

Deve-se destacar o fato de que, após o vencimento dos 65 anos de direito de uso, no caso de construções em tijolo, elas não se tornam automaticamente propriedade do município, mas este último tem a obrigação de pagar uma indenização apropriada aos detentores desse direito. Aqui também se percebe a espantosa aceitação do conceito de propriedade. A lei promulgada em 21 de dezembro de 1926, sobre as cooperativas de construção de moradias, vai ainda mais longe, concedendo a essas organizações o direito de uso do solo com duração ilimitada. Mesmo contratos de direito de construção mais antigos desse tipo de cooperativas são modificados retroativamente, passando a ter prazo ilimitado. Além disso, é concedido e assegurado às cooperativas construtoras soviéticas o direito formal à propriedade sobre os edifícios residenciais construídos. Com isso, o governo soviético reconhece, nesse caso, clara e expressamente, o conceito de propriedade, sempre tão contestado.

Como a Rússia não pode realizar, de forma alguma, uma extensa atividade construtora com os próprios recursos financeiros, os soviéticos tentaram atrair o interesse de construtoras estrangeiras. Elas, porém, até agora se mantiveram distantes, com algumas poucas exceções. Na Alemanha, apenas a empresa Paul Kossel, de Bremen, se prontificou a construir, em 1926, algo de maior porte na Rússia. Essa atividade está sendo feita em parceria com a organização central russa das cooperativas para habitações, com base em uma companhia limitada recém-fundada, a Russgerstroi. São, em sua maioria, edifícios residenciais de concreto.

Apesar de tudo, pode-se dizer que, em nosso país, também a construção de residências apresentou certos avanços nos últimos anos, mesmo que ainda modestos. Afinal, cada construção residencial depende de capital, que sofre grandes dificuldades na Rússia extremamente empobrecida.

Bruno Taut:

A situação arquitetônica na Rússia[15]

Na Rússia, todos os pensamentos são dominados pela industrialização e pelo desenvolvimento de sua imensa região, rica em recursos naturais, mas pobre em recursos técnicos, inclusive os relativos à arquitetura. Em torno dos temas edifícios industriais e construções industrializadas centram-se os estudos, as informações e visitas dos russos que vêm para cá ou para o Ocidente mais distante, bem como os questionamentos feitos pelos russos aos arquitetos que vêm do Ocidente para a Rússia. Os edifícios industriais russos atingiram uma posição estável e coerente, segundo o que vem sendo apresentado a nós na Holanda, na França, em parte também na Inglaterra e, sobretudo, nos Estados Unidos. As instalações da Ford em Detroit poderiam ter sido construídas, com alterações mínimas exigidas pelo clima, da mesma forma também na Rússia, e isso poderá ser comprovado muito em breve pela nova fábrica de automóveis da Ford em Níjni Novgorod. O problema arquitetônico deixou de existir na área industrial. Hoje, o fim é tão unívoco e definido matematicamente desde seu objetivo que se pode quase falar em uma naturalidade comum do fazer arquitetônico. Pode-se quase afirmar que a dificuldade em recuperar essas coisas não existe mais.

Embora a URSS esteja animada com a abertura econômica de suas regiões, sobretudo sob o plano quinquenal, já surgem sinais de que os distritos de trabalho produtivo não atingidos diretamente por essa tendência não alcançarão seus objetivos com a perspectiva apenas econômica, mesmo que a economia seja elevada a uma economia estatal controlada e, com isso, a uma determinada ética. E está comprovado

15. Manuscrito supostamente inédito. Berlim, 2 de novembro de 1929.

que, se o interesse individual é diluído pelo trabalho para a comunidade, é preciso então desenvolver uma fonte de ideias, um conteúdo espiritual que possa alimentar esse benefício mais elevado.

Na *Neues Russland* (caderno 5/6, 1929), no artigo *"Bankett georgischer Dichter"* (Banquete de poetas georgianos), escrito pelo poeta grego Nikolai Kazan, há a seguinte afirmação do poeta georgiano Robakidse: "O propósito da arte é expressar o sopro invisível do pai por meio de um sopro palpável e visível. Quando o homem não consegue nada além de compreender e apresentar o filho, então sua arte não passa de uma obra superficial e insignificante." E, mais adiante: "A Revolução Russa é a forma visível da revolução cósmica que se prepara em nossos corações. O poeta precisa compreender esse profundo significado do bolchevismo; este é o filho, e só através dele o poeta pode procurar e encontrar o pai." E Meyerhold, cujo palco foi pioneiro do purismo, de uma *Sachlichkeit* (objetividade) mecanizada e abstração do dramático, confessou que agora a beleza precisa subir ao palco. "Nós temos de inundar o teatro de beleza!" Certamente não é preciso temer, no caso de Meyerhold, que se evoque uma arte dramática manufatureira, como a criada por Max Reinhardt há trinta anos em Berlim. De qualquer forma, porém, as artes percorrem um caminho que parte, por um lado, do objetivo e, por outro, do abstrato, e se dirige para a compreensão total dos sentidos do homem, enxergando o universal sob a luz da realidade.

A falta de uma concepção harmônica como essa, representada hoje entre os pintores apenas pelo mexicano Diego Rivera, pode ter sido o motivo pelo qual Lênin não se tornou, em sua época, grande amigo das artes revolucionárias, mesmo sem considerarmos que a arte talvez não fosse tão importante para ele; nem o comissário de muitos anos, Lunatchárski, deu prevalência absoluta a essas correntes. Depois disso, lemos em nossos jornais que ocorreu recentemente um debate na imprensa russa, iniciado por Gorki, sobre o valor e o estudo pormenorizado da literatura clássica.

A arquitetura não está alijada dessas correntes espirituais, mas dentro delas, e de forma tanto mais intensa quanto mais suas tarefas superarem o registro banal da funcionalidade. No fundo, não haverá limites; mas, como já foi dito, a simples construção de uma fábrica suscita esse problema apenas de leve ou nem mesmo o suscita, problema este que foi levantado justamente pela funcionalidade. Foi bom trazer a arquitetura de volta para seu efeito utilitário, libertando-a de sua confusão e mistura com a pintura e as artes plásticas; com isso, retirou-se dela o caráter de decoração. Embora nós e os russos finalmente tenhamos nos livrado dessas amarras, todos temos hoje de lidar com um novo inimigo, que proclamou a funcionalidade e a objetividade como leis soberanas da arquitetura. Funcionalidade como utilitarismo banal e rentabilidade ainda mais banal seriam a morte da arquitetura. A decadência daquilo que os precursores haviam conquistado demonstra com clareza o estado de devastação que uma tese como essa pode provocar.

Compreendida no sentido de que a construção inteira é ocupada por uma vida sem contradições em todas as suas partes, em seus cômodos e ainda em seu exterior, a funcionalidade, no entanto, também dá novo alento à arquitetura, renovando-a como arte e, com isso, sua estética. Em oposição ao caso anteriormente citado, já existem exemplos que trazem em si sinais dessa nova beleza, e o mesmo ocorre com a objetividade. Seus resultados, se vistos de modo positivo, são idênticos a essa última. O lado negativo, porém, pode se revelar ainda pior: o arquiteto não vê mais a construção como sua tarefa, mas o planejamento da construção. Enquanto, antigamente, ele não tomava conhecimento das necessidades que levavam à construção, agora ele próprio quer corrigir essas necessidades. O exemplo mais drástico disso é a residência para os operários. Quando o arquiteto quer reformá-las de acordo com suas ideias, ele constrói o "novo" morador para si mesmo. Com tais experiências, comprova para si próprio, por meio de vários exemplos do dia a dia, que a vida do operário se tornaria muito mais proletária do que antes, caso elas se transformassem em regra. De qualquer forma, para compreender isso ao olhar as plantas e as moradias em exposição, é preciso utilizar a fantasia, que busca seu conteúdo no conhecimento da vida operária, isto é, da própria pobreza. Isso parece então um oásis de bem-estar "para o bem dos pobres".

Essas, digamos assim, armadilhas colocadas pela nova arte da construção agem na Rússia de outra maneira. Mas elas também vão assumir essa forma logo que a construção de habitações superar sua atual organização primitiva, que não permite que se cheguem a níveis de rendimento excelentes. De qualquer modo, lá os perigos também são sentidos e as pessoas se contrapõem, talvez também como consequência da observação dos países estrangeiros à nova arte da construção, e muitas vezes a ela como um todo, apenas porque conhecem o caráter do perigo. Uma oposição que, portanto, não tem nenhum argumento real e se sente inserida em um conflito moral pela ideologia revolucionária. Uma oposição que se encontra, segundo a lei da polaridade, no lado oposto à comunidade artístico-arquitetônica, que, no fundo, também tende a adorar sem argumentos o Modernismo *a priori*, a adorar a construção, o material — concreto, ferro, vidro, etc. Ela quer fundir o "novo" material com a ideologia revolucionária, elevando-o a símbolo de sua época.

Embora esses artistas se dividam em "construtivistas" e "formalistas", as pessoas de fora não percebem nenhuma diferença. Ao lado das plantas, há tabelas estatísticas ou quase científicas; o "arroubo numérico" scheerbartchiano vive seu êxtase. Essa também é uma característica do Ocidente. Planejamentos urbanos ou projetos de construções descritos em detalhes, tudo com apresentação científica, devem certamente assumir parte da paternidade dessas tabelas.

Tudo leva a crer que as inibições de ambos os polos tiveram sua origem no mesmo ponto. O que de um lado é ideologia, ciência, material, do outro lado é impacto, monumentalidade, representação; de ambas as partes surge o anseio de saciar a sede de beleza. Mas parece que a fonte ainda não foi encontrada.

Os Estados Unidos são excelentes mestres para as fraquezas europeias, na medida em que apresentam essas fraquezas em sua forma mais aguda, como caricatura. Em Nova York, foi publicado um livro, *The Logic of Modern Architecture*, cujo envio aguardei com ansiedade. Quando o livro chegou, vi, porém, que ele revela o seguinte sobre a lógica arquitetônica americana: a fachada de um teatro é lógica se for "dramática"; a de um cinema, se for "cinematográfica". Isso pode nos levar a concluir que são puro *kitsch*. Um ornamento de pedra é declarado lógico quando parece angular e metálico, "harmonizando-se" assim com as janelas e portas de ferro do andar de lojas de um arranha-céu. Mesmo sem tê-lo visto em imagem, cada um já deve ter percebido que, com isso, os pressupostos para o *kitsch* grosseiro foram preenchidos.

Os conceitos difundidos por toda a Europa sobre a "lógica" da arquitetura, no entanto, no fundo não são muito diferentes. Aqui também a exigência por representação e monumentalidade está em primeiro lugar, e os povos se unem mais facilmente na distorção de sua concepção arquitetônica (basta ver o Palácio do Povo em Genebra, o farol em San Domingo, etc.). Na Alemanha, por exemplo, permanece o postulado: uma igreja deve representar religiosidade. Assim, ocorre o desaparecimento total dos limites entre os animados bastidores do cinema e a construção real, e sempre volta a ocorrer o declínio da nova arte da construção, no sentido dessa diluição, ou no sentido de uma pseudocientificidade. Ambas são igualmente perigosas e, enquanto o novo conceito de arquitetura não tiver se tornado senso comum, pelo menos entre os arquitetos líderes, podem impedir o seu desenvolvimento.

Na Rússia, a busca pela fonte ocorre de forma bastante dramática. Lá, como em todo lugar, fraquezas humanas podem ter participado dessas lutas; mas percebe-se nos concursos, e em seus resultados, a batalha entre a configuração dessa função e a sede de beleza. Para a construção eminente da grande biblioteca de Lênin, num excelente local em Moscou, os irmãos Viesnin fizeram, em competição acirrada, sem dúvida o melhor projeto. Mas as pessoas acharam que sua fachada moderna, apesar disso ou, com razão, justamente devido às grandes paredes de vidro, não é imperativa, o que é verdade. Para o edifício, então, optaram pelo trabalho de um acadêmico, que se aproximava mais do desejo de uma monumentalidade, mesmo que as instalações práticas fossem conscientemente sacrificadas. A "lógica" americana, nesse caso, está na "monumentalidade", e ela venceu porque sua parceira pôde ser compreendida em seu ponto fraco. Mas, mesmo assim, não há dúvidas quanto à maior qualidade do projeto dos irmãos Viesnin.

Algo semelhante ocorre talvez com a construção do grande edifício governamental perto do Kremlin. E a encomenda a Corbusier do edifício das Cooperativas Centrais em Moscou (Centrosoyuz) representa um processo semelhante, mesmo que com outros signos: o que lá era monumentalidade, aqui é o artístico pseudorracional, realizado por um talento brilhante, como nem mesmo em Moscou pode-se encontrar.

Uma série de construções objetivas e consequentes indica, apesar de tudo, também na Rússia, o caminho sobre o qual está se estruturando a nova criação arquitetônica. São parte dela, por exemplo, os novos prédios do Instituto Eletrotécnico, do Instituto Têxtil e Aero-Hidrodinâmico, do estádio, além do Instituto Mineralógico de Viesnin, do planetário em Moscou e, até certo grau, do grande prédio administrativo em Khárkov. Aparentemente, passou-se o tempo em que era mais importante que o heroísmo da Revolução fosse expresso pelos monumentos e edifícios. O mausoléu provisório de Lênin, que agora será substituído por uma construção definitiva, tinha um certo traço de seriedade e reserva; porém, o pequeno templo grego que o coroa era uma amostra da confusão comum da arquitetura com a literatura. O Instituto Lênin, concluído em 1925, também mostrava algo semelhante, na medida em que, como um bloco de pedra preta, exprimia a "seriedade" e a "força".

Quanto o desempenho arquitetônico real sofreu com isso pode-se ver não apenas pela aparência sombria e bastante grosseira dessa construção, que é o extremo oposto da charmosa imagem urbana de Moscou e redondezas, mas também pelo total desamparo em relação à anulação do espaço urbano do importante soviete, agora de difícil salvação. O caráter sombrio e grosseiro dessa construção foi, durante um tempo, característico de toda uma escola que imprimia o mesmo estilo não apenas a casas comerciais, mas também a edifícios residenciais e clubes. Pelo menos aqui ainda não se trata de um mau escorregão acadêmico, como ocorreu com o prédio do telégrafo principal, no qual tanto a planta quanto a arquitetura são igualmente irreparáveis. No caso do Instituto Lênin e seus adendos, era a gravidade do homem russo que dava seus primeiros novos passos.

A tarefa da arquitetura russa será harmonizar os novos pontos de vista com a tradição russa. Essa ligação com a terra não é simples discurso na Rússia, mas um fato; lá ainda existe um visível folclore verdadeiro com suas cores, danças, música e artesanato. A transformação do moderno em grosseiro, portanto, significa apenas que essa harmonização ainda não deu certo, mas já está se iniciando. E, com um certo senso para tais imponderabilidades, já se pode notar nas construções aqui citadas que o processo está avançando. Como a unidade entre polos extremos é uma ideia filosoficamente natural para os russos, talvez eles também consigam tornar realidade a simbiose entre opostos aparentes. Os arquitetos artistas não são levados a sério pelos construtores e engenheiros, mas, quando trabalham em conjunto, a arte dos ateliês se transforma, sob a influência desses oponentes, em construção e forma bastante terrenas, que, mesmo que apresentem alguns vestígios das ideias ocidentais, têm um caráter tipicamente russo. Isso é mais visível no novo estádio, no qual, ao que tudo indica, o engenheiro desempenhou papel preponderante e cuja gravidade característica está mais inserida na sensibilidade artística russa.

"O artista que, ao criar, acredita fazer um estilo e não natureza, aquele que já é denominado estilista por seus contemporâneos não chegará à margem da próxima geração, naufragará, inanimado, já na próxima onda de tempo." Esta verdade que Wilhelm von Scholz declarou há pouco tempo na *Hier schreibt Berlin* [Aqui escreve Belim] talvez se imponha também lentamente na Rússia. Afinal, ela não se desenvolve com grande rapidez em nenhum lugar. Entre nós também são realizados trabalhos suficientes sob a marca registrada da "nova arte da construção", que não são nada além de cartazes que anunciam alguma coisa e gritam para o mundo o que é um estilo literário, de que faz parte também esse alardeado "novo tempo". Mas o trabalho verdadeiro, no sentido aqui citado, não pode ser resumido em palavras, seu conteúdo está isolado do grande burburinho e, hoje, ainda não se pode imaginar como uma escola poderia se fundamentar nele. A qualidade almejada pode ser comparada aos raios ultravioleta, para os quais nos faltam órgãos de percepção — pelo menos por enquanto. Talvez, porém, a atmosfera para tanto se forme com o decorrer das gerações. As pessoas, então, não utilizarão conceitos literários para falar sobre arquitetura; elas talvez nem falem mais sobre ela, pois a arquitetura existirá e viverá como um fenômeno terreno natural.

Projetos do conselheiro municipal May para a Rússia[16]

Uma monumental tarefa arquitetônica

O conselheiro municipal May, de Frankfurt sobre o Meno, que partiu de Frankfurt em 1º de setembro para dar início à sua gigantesca tarefa russa, fez interessantes declarações sobre seus próximos planos na Rússia em uma entrevista.

16. In: *Bauwelt*, caderno 36, p. 1156. Berlim, 1930.

Nos últimos anos, a União Soviética convidou vários renomados estudiosos de todos os países para fazer palestras na Rússia sobre problemas atuais. O conselheiro municipal May falou nas Universidades de Moscou e Leningrado sobre "A nova cidade", a "Situação das habitações na Alemanha" e a "Racionalização do edifício residencial". O governo russo lhe solicitou que fizesse uma outra palestra para um círculo menor de influentes especialistas sobre "Sugestões de organização para o planejamento urbano russo e para os assentamentos".

Após estudar profundamente as condições russas, May atendeu à solicitação. Suas sugestões foram traduzidas por intérpretes, e todos os jornais russos as publicaram. As observações do arquiteto alemão causaram grande efeito, e o governo lhe propôs que executasse essa organização com *uma equipe de auxiliares alemães*. Com a intermediação ativa do Ministério das Relações Exteriores e da embaixada alemã em Moscou, o contrato foi fechado. Assim, no dia 1º de setembro, 21 alemães viajaram para Moscou sob a coordenação de May.

Construção de cidades – ampliação de cidades

Sobre esse trabalho, disse Ernst May: "Eu tenho perfeita consciência da grandeza de minha tarefa e do fato de que nunca antes se tentou fazer algo semelhante. Quem conhece a Rússia vai se admirar por terem dado esse projeto de bilhões a um alemão. Hoje, é enorme a influência dos Estados Unidos sobre os Estados soviéticos, e sua expectativa era de que também tivessem uma chance nesse ponto. A explicação dada é que o sistema de arranha-céus americano, de certa forma, fracassou na Rússia moderna. Não se quer mais saber dele. Novas cidades precisam ser construídas, outras, reformadas. Ruas e caminhos são necessários, pois o local onde tudo deve ficar é hoje uma estepe deserta. Essa é a tarefa que me foi confiada dentro do plano quinquenal, da qual eu naturalmente só posso fazer a fundação. Até sua implementação final, vão se passar, com certeza, uns 50 anos. Eu não tenho nenhuma relação com a política. Sou um arquiteto alemão e realizo um trabalho encomendado pelo governo russo, com a esperança de que ele também seja útil à economia alemã.

Dessas minhas tarefas, a mais interessante e difícil será *a criação de cidades completamente novas*, a primeira grande tentativa dessa tão comentada nova implementação. A família individual, que hoje vive em pequenas celas residenciais, concebidas apenas como locais para dormir, passará para segundo plano. Em compensação, serão construídas grandes cozinhas comunitárias, jardins de infância, clubes, auditórios, salões de leitura, salões de esporte, etc. Isso já foi testado várias vezes em uma escala menor, mas, pela primeira vez, um grande número de cidades será criado do nada. Se fizermos um corte em blocos de apartamentos, veremos que, por exemplo, em um determinado horário do dia, a mesma coisa ocorre em todas as cozinhas: donas de casa cozinhando à frente do fogão. Isso significa, segundo a teoria russa, um desperdício desnecessário de força de trabalho, que pode ser simplificado e melhorado por meio da centralização e racionalização. Essas cidades serão, antes de mais nada, sedes da indústria do ferro e do aço, a qual será recriada.

Uma outra tarefa é a *ampliação das cidades*. Nesse caso, deve-se construir principalmente em Moscou, uma cidade com capacidade para 800 mil pessoas e que hoje é habitada por 2 milhões. Aqui imperam condições de habitação, em parte, catastróficas. Além disso, sou também coordenador de um espaço de formação de estudantes universitários russos na arte da construção urbana. Para isso, o governo já reuniu 50 candidatos."

Ernst May:

De Frankfurt para a Nova Rússia[17]

Publicamos, aqui, o primeiro relato de Ernst May sobre seu novo trabalho, suas impressões da União Soviética. May, que assumiu a direção do órgão governamental russo responsável pelas construções, fará relatos regulares a nossos leitores sobre sua nova atividade.

A redação.

Há cinco semanas, iniciamos o trabalho. Apesar de todas as dificuldades geradas pelas novas condições e, sobretudo, de nossos insuficientes conhecimentos linguísticos, desejamos nos familiarizar o mais rápido possível com a situação do país. Nós nos espalhamos em todas as direções a fim de reunir o material necessário. Uma pessoa montou acampamento no observatório e trabalhou, com base no extenso material científico disponível, nos importantes registros gráficos sobre as condições climáticas do país, sempre incluindo os números referentes a Frankfurt como base de comparação. Outro estudou com atenção a flora, principalmente o Jardim Botânico tão bem cuidado de Moscou, já que sua tarefa é estruturar as áreas verdes em nossos projetos; se necessário, ele tem de fazer surgir, num passe de mágica, vegetação na estepe desértica. Inúmeras palestras exclusivas para nós nos colocaram a par dos fundamentos arquitetônicos de edifícios residenciais, hospitais e escolas russos. Alguns membros do Instituto de Pesquisa em Construção (órgão semelhante à nossa Sociedade de Pesquisas do Reich para a Viabilidade Econômica de Construções e Habitações) nos provaram, em uma interessante exposição de arquitetura, como são extensos e valiosos os trabalhos já realizados pela Rússia nessa área. Visitas às mais novas construções da capital nos

17. In: *Frankfurter Zeitung*, nº 892, 30 de novembro de 1930.

esclareceram também em que áreas já foi satisfeito o verdadeiro anseio do país pela realização do espírito novo, que faz toda a vida pulsar aqui, e onde ainda é preciso construir mais.

Surgiu, então, de uma hora para outra, uma viagem para Magnitogórsk, na estepe do Quirguistão, não muito distante das encostas do leste do Ural, situada em solo asiático. A equipe de colaboradores foi reunida e partimos em 24 horas, num vagão especial, para nossa viagem de 5 mil quilômetros, incluindo a volta. Essa viagem foi tudo, menos cansativa. Sempre nos lembrávamos, com um sorriso no rosto, dos admoestadores de Frankfurt que, em parte, profetizaram e, em parte, desejaram nossa morte por fome nas estepes russas. Eles deviam ter visto as caixas de caviar, chocolate, cigarros, salsichas e outras coisas com as quais nos abasteceram durante todo o percurso, e (pois já ouço os céticos escarnecendo) as mulheres do campo que ofereciam, em quase todas as estações, ovos, leite, manteiga e aves. Quando o trem permanecia um tempo maior em uma estação (e isso não era raro!), nossa Ielênitchka corria até a chaleira com água fervente na estação a fim de providenciar água para o chá. Tomávamos chá de sete a oito vezes por dia e preparávamos refeições variadas em nossos confortáveis cupês com a ajuda de nossa intérprete de tantos talentos.

Nosso bom humor era semelhante àquele que se experimenta ao estar longas horas em um refúgio ou em temporadas de esqui nos chalés alpinos. Quem poderia, por exemplo, descrever nossa alegria quando nossa Ielênitchka, para poder limpar melhor a cabine, enchia a boca com a água de um copo para então cuspi-la, exatamente como vemos os elefantes fazerem no zoológico; ou quando ela, em uma estação, pulava do alto degrau do vagão para pegar, com destreza, uma massa irreconhecível dentre os trilhos para limpar a louça com ela? Nessas e em outras situações, adorávamos pensar em nossos queridos sanitaristas de Frankfurt e em seus bons conselhos.

A viagem de ida levou quatro dias e meio (para os russos, isso não é muito), mas mesmo assim o tempo voou. A paisagem é de uma vasta imensidão, nunca se torna monótona. Ora surgem gargantas íngremes rasgadas pela chuva no solo argiloso, ora atravessávamos cursos d'água irregulares, cujas margens selvagens têm um encanto único. Os vilarejos parecem surgidos da terra. As paredes de madeira são marrons; os telhados de palha ou madeira, marrom-amarelados. Ora são dominados por igrejas ortodoxas, ora por mesquitas com seus minaretes, isso nos trechos habitados por população muçulmana. Mas se os vilarejos eram geralmente desnudos, sem quase nenhuma vegetação ordenada, de repente surgiam povoados que exibiam a imagem de amplas cidades-jardim. Atravessamos a terra dos alemães do Volga e percebemos como, aqui, as típicas casas de madeira rurais, individualmente muito diferentes, indicavam a ascendência alemã dos seus moradores. Arbustos frutíferos e ornamentais foram plantados com zelo e, muitas vezes, toda a vila era contornada por uma cerca contínua.

Entramos então na República dos *bachkir*. Nas estações, estudávamos os rostos da população camponesa que se amontoava em volta do trem e tentávamos descobrir a raça a que pertenciam. Na noite do terceiro dia, iniciou-se a travessia do Ural. Picos despojados, com características que lembravam Rhön, cediam lugar lentamente a uma cativante paisagem pré-alpina. Em Zlatoust, vimos na noite escura, bem além das encostas, as incontáveis luzes das colônias dos operários das fábricas de armamentos que cobriam amplas áreas. Adquiri, por alguns poucos rublos, uma encantadora coleção de pedras que fornece indícios expressivos sobre o rico e o diversificado depósito de recursos naturais do Ural. Em Chrebet, atravessamos o topo do desfiladeiro que fazia fronteira entre a Europa e a Ásia. Na manhã seguinte, chegamos a Tcheliabinsk, a principal cidade da região do Ural; desviamos do curso principal que leva a Omsk e fomos para o sul. Os rostos da população revelam que há outro novo grupo étnico diante de nós. Os olhos puxados entregam os mongóis. Estamos nas terras dos quirguizes. O trem atravessou a estepe coberta pela geada. Raramente encontramos um vilarejo, mas, em compensação, manadas de cavalos de todas as cores passam a toda velocidade pisando o chão congelado.

Sobre trilhos provisórios, nos aproximamos em baixa velocidade de nosso destino. A névoa cedeu lugar ao céu aberto e uma interessante imagem surgiu aos nossos olhos. No meio da estepe selvagem, ergue-se um grande número de colinas de topo plano, entre elas, uma de maior extensão, a montanha magnética. Aqui repousa uma valiosa provisão de minérios, em uma grandeza de 150 milhões de toneladas, e tão bem estocada que pode ser movimentada em dias. A fim de extrair esses sedimentos, foi planejada, junto com o grande programa econômico da União, a construção do segundo maior complexo industrial do mundo. O carvão para explorar o minério será trazido de Kuzniétsk, que fica a quase 2 mil quilômetros de distância, na encosta norte da Cordilheira de Altai, e o minério magnético será enviado de volta para Kuzniétsk, onde será guardado. O complexo industrial de Magnitogórsk deve ganhar, além da empresa de armazenamento e das fábricas que trabalham com ferro, um complexo químico para refinar os produtos secundários, originados da produção de coque, até transformá-los em anilina. Quanto às dimensões das instalações, é testemunha eloquente a represa que estancará o rio Ural, formando um lago de 14 quilômetros quadrados, a fim de assegurar o fornecimento de água às indústrias. Hoje já foram executados 40% da primeira etapa de construção das instalações industriais.

Na Rússia, as pessoas trabalham, de maneira geral, em um ritmo mais tranquilo do que na Europa Ocidental. Considerei então necessário pendurar na porta de nosso escritório de Moscou uma placa com os seguintes dizeres: "*protiv zavtra*" ("o amanhã é agora"). *Zavtra*, aliás, é a resposta constante aos nossos pedidos para que algo seja feito com pressa. Mas em Magnitogórsk esse lema seria inútil, pois lá se trabalha em ritmo febril sob o comando enérgico do comissário especial do governo, Schmidt. A barragem de um quilômetro de comprimento, feita para represar a água do Ural, foi cimentada em 75 dias. A estação de energia elétrica, ao lado da estação de Dnieprotroi, a maior da União, está sendo construída com três trocas diárias de turnos e com método adequado ao inverno. Na estepe onde há um ano cavalos pastavam e de vez em quando um carrinho característico dos fazendeiros seguia uma trilha, hoje trabalham 40 mil pessoas, provisoriamente acomodadas em barracas, na construção de um dos mais imponentes empreendimentos industriais da atualidade. As incontáveis lâmpadas do acampamento, junto com os holofotes que iluminam os canteiros de obras durante a noite, nos causaram uma impressão inesquecível.

Logo que chegamos, um Ford nos levou até a cidade dos americanos, um pequeno e limpo acampamento de barracas, distante quatro quilômetros da estação ferroviária, localizado na encosta da montanha magnética. Durante os quatro dias em que lá permanecemos, fomos supridos de forma extraordinária. Ainda no mesmo dia iniciamos os trabalhos, pois não havia tempo a perder. Ao atravessar a estepe de carro, para lá e para cá, durante horas, medimos todas as irregularidades da área na qual devia surgir a cidade residencial para 120 mil pessoas. A vista dos Montes Urais, que se alongam em grande extensão, era de uma beleza incomparável. O ponto principal de toda a vida em Magnitogórsk é o edifício administrativo construído com estrutura de tijolos, onde ficam os representantes da empresa americana responsável pela consultoria à construção da fábrica, mentes claras e enérgicas. Nesse edifício, encontramos engenheiros alemães que participavam da construção da fábrica de silício. As pessoas vão e vêm o tempo todo, como um enxame. Os chefes correm, em carros que ficam à sua disposição, até as edificações, distantes quilômetros umas das outras, da fábrica em construção. Em todo lugar, tivemos o maior apoio possível tanto dos departamentos russos, quanto dos consultores americanos, de forma que, no quarto dia, já havíamos juntado material necessário para podermos iniciar nosso trabalho de maneira bem fundamentada. Transformamos uma cabine do trem em escritório de desenhos e, durante a viagem de volta de quatro dias, rascunhamos os primeiros contornos de nosso projeto, usando carvão de samovar; uma madeira de folheado fazia as vezes de mesa de desenho. Em outra cabine, a máquina de escrever martelava os relatórios.

Desde então, reina em nosso escritório de Moscou, quando possível, um ritmo ainda mais acelerado do que em Magnitogórsk, pois devemos terminar o enorme trabalho até o fim do mês. Cada um de nós sente, a cada hora que passa, que temos aqui o privilégio não apenas de viver a história, mas também, no âmbito de nosso modesto trabalho, de colaborar com ela.

M. Ilín, Moscou:

Planejamento urbano de Moscou[18]

Os problemas urbanísticos associados ao rápido desenvolvimento industrial da URSS são bastante debatidos na Rússia há dois anos. Criaram-se duas teorias opostas, sobre as quais já se escreveu muito.

Uma das teorias — seu autor é Sabsovitch — exige, para todas as novas cidades, um formato que inclui todas as características da cidade socialista e se baseia na unificação total do custo de vida e na diluição da família. Esses "urbanistas" querem criar cidades industriais e agrárias com o mesmo número de habitantes (aproximadamente 50 mil) e acomodar os moradores em casas coletivas.

Esta teoria encontra oposição entre os "construtivistas", que sugerem, sob a liderança dos arquitetos Guinsburg e Okhitóvitch, as chamadas "cidades lineares". Esse grupo de arquitetos quer superar a contradição entre

18. In: *Wasmuths Monatshefte für Baukunst und Städtebau*, caderno 5, p. 237-240. Berlim, 1931.

a cidade e o campo, um erro central do regime capitalista, e apresenta uma teoria urbanística que significa uma total desurbanização e aglutinação de todas as fronteiras, reais e formais, entre a cidade e o campo. Todas as cidades devem ser desmanchadas, de modo que, por exemplo, de Moscou restaria apenas um parque com alguns edifícios representativos. As casas residenciais não devem mais surgir como um anel em torno de uma indústria, mas estarão uniformemente distribuídas em extensas faixas ao longo das linhas de transporte, que as ligam diretamente à produção rural e de gêneros de primeira necessidade. Cada pessoa recebe uma pequena casa própria, produzida industrialmente.

Essa forma de distribuição prevê um generoso desenvolvimento do trânsito e dos meios de transporte, mas fora isso tem grandes falhas: separa, por exemplo, os centros residencial, administrativo e de trabalho; e não evita a frequente travessia das linhas de residências, o que geraria uma cidade sem planejamento no sentido convencional.

O material resultante da intensa discussão das duas teorias servirá agora como base para a execução dos próximos projetos. No momento, estão nascendo, somente na Rússia, 38 novas cidades.

Um dos projetos de construção mais interessantes e radicais é o da cidade socialista em Novosibirski, que está sendo construída à margem esquerda do rio Ob, no lado oposto à cidade antiga. A nova Novosibirski cresce num ritmo comparável apenas ao do crescimento das cidades americanas e está se transformando no centro mais importante da Sibéria. Seu amplo projeto é de autoria dos arquitetos Babenkov, Vlassov e Poliakov. O fator mais importante e determinante para os novos projetos é a construção de um enorme complexo industrial para a produção de "combines".[19] As relações entre os locais de residência e de trabalho da população são consideradas desde o início no projeto. A nova cidade fica entre duas linhas principais de trem, sobre um planalto que cai, de forma

19. Máquinas agrícolas combinadas.

Esboço do projeto completo de construção para a nova cidade socialista em Novosibirski. Arquitetos: Babenkov, Vlassov e Poliakov

íngreme, em direção à margem do Ob. O bairro industrial é separado da cidade pela linha ferroviária e por uma faixa de vegetação de 750 metros de largura. A predominância de ventos do sudeste condiciona a construção do complexo ao norte da cidade. Na cidade em si, faixas das chamadas "casas-comuna" se alternam com áreas verdes, variando de 500 a 650 metros. Entre 15% a 20% das faixas previstas para as linhas de casas são ocupadas por construções, o resto é destinado a jardins. As fileiras de casas são compostas por "casas-comuna", casas comunitárias proletárias para 800 a mil pessoas, e por prédios residenciais comuns de quatro andares. Em cada casa-comuna há um jardim de infância, uma creche, um refeitório, clubes e salões de esportes. Esses edifícios possuem dois andares. Os eixos das casas não têm relação com os das principais ruas, que vão do norte para o sul, a fim de não entrarem em conflito com a direção mais comum dos ventos dominantes.

Três ruas principais atravessam a cidade em direções diferentes. Uma liga a cidade antiga à nova por meio de uma ponte projetada que passa pelo centro administrativo; a segunda liga as duas estações ferroviárias; a terceira sai da praça principal e vai até uma assim chamada "comuna nutricional" (veja adiante), nas proximidades do bairro industrial. O transporte de bens e de carga é feito fora da cidade, em vias que têm conexão com a linha de trem principal. Assim, torna-se mais fácil ordenar o trânsito dentro da cidade.

O "centro cultural", museus, hotéis e o "palácio central da cultura" situam-se em torno do parque central, que fica um pouco distante do centro administrativo. Os parques desempenham um papel considerável na vida urbana: protegem contra o bairro industrial e possibilitam o acesso ao ar livre. Nas áreas verdes dentro da cidade, além das quadras de esportes e postos de saúde, encontram-se as escolas e faculdades. Essas áreas verdes somam, sem considerar os locais arborizados entre as casas, 30% de toda a área construída da cidade. Fora dela, planejou-se a construção de um hospital central e de vários sanatórios em uma área de 45 a 50 hectares.

Nesse novo projeto urbano, foi dedicada atenção especial aos esportes. Além das quadras esportivas em cada uma das casas-comuna, também foram previstos oito grandes centros esportivos de 1,7 a 1,8 hectares nas áreas verdes, inclusive estádios com capacidade para até 10 mil pessoas. A localização do maior espaço esportivo à margem do Ob é favorável aos moradores tanto da antiga quanto da nova cidade. Ele comporta, além de uma pista de corrida com cavalariças, um palácio de esportes, um estádio para 40 a 60 mil espectadores, um estádio de piscinas, um teatro grego ao ar livre e outras instalações. Esse parque esportivo audaciosamente planejado estará, depois de pronto, no topo da lista dos parques modernos internacionais.

A questão alimentar é solucionada pelos arquitetos desse projeto gigantesco com a instalação de cozinhas industriais mecanizadas, que estão se tornando, pouco a pouco, parte essencial do urbanismo da URSS. Essas cozinhas servem apenas para o período de transição e serão combinadas em 1944-45, momento da conclusão definitiva do projeto de construção, em uma "comuna nutricional" que se localizará nas proximidades da estação de trem, dos armazéns e do complexo "combine", no sudeste da cidade. Futuramente, todos os habitantes poderão fazer suas refeições de forma mais rápida nessas "comunas nutricionais". Com o desenvolvimento desse bairro, o núcleo da cidade antiga deve se deslocar e será diretamente ligado à nova cidade pela nova ponte.

Aqui, só foi fornecida uma visão geral da estruturação da cidade socialista, que surge baseada em fundamentos urbanos totalmente novos, ainda desconhecidos na Europa Ocidental e nos Estados Unidos. O velho formato dos blocos de casas foi abandonado e substituído por linhas de casas, que se alternam com amplas faixas de vegetação — característica central da nova cidade. No entanto, ela não pode ser vista apenas como cidade-jardim; o princípio dominante é o da criação de uma abundância de luz e ar e de integração da natureza como um todo à vida da cidade. À primeira vista, porém, parece que predominam os mesmos elementos típicos da arquitetura da Europa Ocidental (o projeto *Voisin*, de Le Corbusier, exerceu grande influência sobre este projeto). A diferença fundamental entre o urbanismo socialista e o ocidental é revelada ao se olhar os projetos-padrão urbanísticos russos, os quais têm como pressuposto tornar o custo de vida o mais comunitário possível. Não existe o vício em arranha-céus (Le Corbusier), mas também não há quartéis residenciais ao estilo de Ernst May, cujos projetos para a Rússia foram fortemente criticados pela imprensa dos jovens operários e recusados pelas associações de arquitetos. Essa padronização tem como meta o conforto e a praticidade; ela não nivela e oprime as pessoas como, por exemplo, o assentamento padronizado de Thomas Bata na Boêmia. O projeto para Novosibirski é um modelo desse urbanismo absolutamente novo, e sua execução é um dos grandes feitos da arquitetura moderna.

Wilm Stein:

Experimento das "cidades socialistas"

Realização dos edifícios, cara demais — portanto, adiada[20]

Moscou, 30 de abril de 1931

O governo soviético incluiu, em seu planejamento orçamentário de 1931, o imenso valor de 1,1 bilhão de rublos para a construção de habitações, ou seja, quase o dobro do de 1930. E baixou um decreto em 1º de março que reduzia o custo da construção para, em média, 104 rublos por metro

20. In: *Bauwelt*, caderno 21, p. 703-704. Berlim, 1931.

quadrado de área construída — até então o custo era de 170 rublos, e mais alto ainda em vários locais. Com isso, espera construir em 1931 duas vezes mais moradias que no ano anterior.

O "terceiro ano decisivo" do plano quinquenal — como é chamado o ano de 1931 em todos os informes — deve trazer também uma reviravolta decisiva e positiva para a miséria habitacional. A carência residencial na União Soviética é extrema em todos os lugares, com exceção de casos especiais, como Leningrado, que se transformou de capital em província. Nas cidades e nos assentamentos de operários situados ao lado das novas instalações industriais, o afluxo de pessoas é tão grande que nesses catorze anos da Revolução, sem considerar o custo da habitação, que aumentou a cada ano, caiu constantemente a média da área residencial ocupada por pessoa; ela, hoje, é cerca de 4 m^2 em Moscou e 4,2 m^2 no distrito carvoeiro de Don! Deve-se ressaltar, porém, que nas cidades a média real para os privilegiados *operários* é um pouco mais alta. Nos últimos anos, essa parcela da população foi instalada quase que exclusivamente nos novos edifícios e, por pressão do governo ou outras forças políticas, nos velhos apartamentos liberados pelos antigos "burgueses". Com certeza, há ainda hoje em Moscou, ao lado de algumas pessoas mais bem instaladas, trabalhadores com 3 m^2 de área por cabeça, mesmo sem considerar as barracas dos trabalhadores sazonais.

A superação da carência residencial não está garantida nas condições atuais da União Soviética, mesmo com o investimento da grande soma de um bilhão de rublos, que significa, sem dúvida, um grande alívio. Embora haja uma vigorosa construção industrial, a demanda por espaço residencial nas regiões industriais ainda cresce mais rapidamente que a mais intensa atividade construtora. Na região do rio Don, por exemplo, o número de habitantes aumentou 38% nos últimos três anos, e a área residencial, apenas 25%.

Mais impeditiva e pior que o atraso da construção residencial em relação ao afluxo de trabalhadores é a escassez cada vez mais perceptível de materiais. Em uma reunião do Conselho de Comissários em 13 de abril, foi relatado que a indústria de materiais de construção atingiu, no primeiro trimestre de 1931, "de forma totalmente insuficiente", sua meta planejada. As cifras citadas na reunião referentes a cada fábrica variavam ente 60% e 23% da meta. A imprensa de Moscou escreve sobre a região do Don: "A falta de materiais de construção essenciais ameaça o cumprimento, em sua totalidade e a tempo, dessa instrução (a diretiva do governo de construir, no local, áreas residenciais em 1931 com 94 milhões de rublos)." "Devido à escassez de madeira de construção, 1931 herdou do ano anterior um grande número de casas incompletas: sem telhado, chão, forro, portas." "Parte das casas construídas permaneceu sem instalações de aquecimento e sanitárias." "(...) com a instalação de fornos provisórios, sem sistema de esgoto, nem canos para água."

Empecilhos semelhantes, referentes aos melhores e mais generosos planos e projetos, ocorreram no ano anterior até em Moscou: ora a canalização não é expandida nos novos edifícios; ora o trem sobrecarregado entrega, em vez de 6.500 vagões de material de construção (demanda de março), apenas 1.680 vagões; ora construções terminadas não podem ser ocupadas porque não foi possível obter canos para o esgoto, água e aquecedores. De maneira geral, conclui-se que o programa de construção habitacional de 1930 não pôde ser realizado devido à escassez de materiais e de força de trabalho. Realizar o programa de 1931, que é muito maior, exigirá, portanto, esforços inéditos, já que as previsões para os materiais de construção mais importantes (tijolos, ferro, cimento, etc.) não são nada favoráveis. "Este ano a indústria", declarou o representante do Comissariado de Inspeção Operária em uma reunião recente do Conselho Econômico russo, "está menos preparada para o cumprimento do programa de produção de materiais de construção do que no ano passado."

Esse grave quadro da situação, da carência residencial e dos múltiplos impedimentos à sua superação, torna compreensível o fato de o Partido Comunista e o governo soviético, apesar de todas as considerações teóricas e táticas, terem desistido, ou pelo menos adiado por longo tempo, da experiência da construção "socialista" e das cidades "socialistas", sob a pressão da dura necessidade.

Não apenas Moscou e toda a Rússia, mas o mundo todo se interessou pela ideia das "cidades socialistas". Surgiu uma extensa bibliografia a respeito, houve discussões calorosas, exposições de modelos, plantas e projetos realizados por excelentes especialistas nacionais e internacionais. O mundo todo esperava a grande "novidade" com que o comunismo iria presentear a área da construção. Nos laboratórios, ou seja, nas cabeças dos artistas e arquitetos, e mesmo nos escritórios de construção, o trabalho continua. Na prática, porém, precisamos nos conformar com o fato de que a "cidade socialista" não se tornará realidade tão cedo, de que as pessoas ainda terão que se contentar com alguns poucos edifícios-padrão no "estilo de habitação coletiva", com alguns clubes percebidos como modernos por seu objetivo e sua função, e com um grande número de residências coletivas. Essas residências, semelhantes àquilo que costumamos chamar de "hotel", mas um pouco apertadas, desprovidas de luxo e adequadas à rotina do trabalhador, passaram agora a ser denominadas "casas coletivas socialistas": dormitórios individuais e salões comuns de convivência, de refeições e de descanso, complementados por um "clube", uma creche, uma lavanderia e uma cozinha industrial elétrica.

A renúncia, não exatamente à ideia da "cidade socialista", mas à tentativa de torná-la real em um período previsível, ocorreu, após longa contenda entre os espíritos comunistas — na verdade, ainda durante a contenda — , por um ucasse do Comitê Central do partido em 25 de março. Esse ucasse exige um edifício residencial "simples" e recomenda fortemente a chamada "construção-padrão" de prédios-modelo para duas ou três famílias, construídos em madeira, escória ou em qualquer outro material à disposição no canteiro de obras ou fácil de ser conseguido. Após esse ucasse, a imprensa soviética indignou-se contra os "oportunistas legais", que, a fim de economizar ou acelerar a obra, sugerem a construção provisória de barracas, e voltou-se ainda mais indignada contra as pessoas de "esquerda", os "ultrarradicais", que, tomados de uma "mania de grandeza", construíram caros e gigantescos edifícios. É verdade, o *Pravda*, órgão oficial do partido, se distanciou de repente, e com um forte tranco, dos "sonhadores" que querem, já hoje, "cidades fantásticas", "à custa da socialização total do estilo de vida, da separação de pais e filhos e de outras coisas do tipo, ao estilo dos realizadores de projetos". (!)

Todos os tambores tocam agora para a "construção-padrão". O salto da nova revelação das "cidades socialistas" para as primitivas casinhas de madeira, cujas plantas e projetos são entregues em massa pelo escritório industrializado, é adoçado pelas novas qualidades da casa de madeira descobertas a cada dia: "As casas-padrão não precisam de materiais em escassez como ferro e cimento"; e "Em vez dos 170 rublos por metro quadrado das casas em tijolo, o metro quadrado das casas-padrão custa apenas 80 rublos". Outras vantagens da construção-padrão de madeira são citadas: economia na mão de obra e com engenheiros e técnicos, curto período de construção, não necessidade do trem do transporte de materiais de construção, e muitas outras coisas. Portanto, não é de admirar que já haja a determinação de passar à construção de madeira, principalmente no distrito de Moscou, em Stalingrado, na região do Don, e até mesmo na cidade industrial de Magnitogórsk, que acabou de surgir sob a coordenação do arquiteto de Frankfurt, May, e que fora escolhida por muito tempo para ser a "cidade-mãe socialista" (mesmo que, segundo os últimos planos, apenas 25% da cidade devessem ser construídos em "estilo coletivo").

A transformação da cidade coletiva socialista, com sua sinfonia de aço, concreto e vidro, de prédios e clubes gigantescos, em simples casinhas coloniais de madeira foi um golpe contra as teorias comunistas. Em contrapartida, foi também um dos muitos sinais de recuperação e desencantamento do Estado Soviético, que já são perceptíveis em várias áreas, causando a expectativa de que se tenha encontrado o caminho para sair dos sonhos delirantes em direção à recuperação financeira e à estabilização.

Nesse recuo do "coletivo socialista" e na opção pelo velho e costumeiro edifício individual, foi inicialmente decisiva para o partido e o governo a ideia de que, com a construção de madeira, poderiam combater a carência residencial com muito mais rapidez, de forma mais barata e com uma maior chance de sucesso num futuro próximo. Ao mesmo tempo, porém, não se pode ignorar que o espírito da população, e justamente da população trabalhadora, se rebelara fortemente contra o edifício coletivo. Portanto, o recuo do partido significa, também, o alívio de uma tensão que eles não queriam que aumentasse sem necessidade na atmosfera atual, pois já há outras tensões inevitáveis. Não é segredo que, em sua grande maioria, o trabalhador russo rejeita a casa coletiva. O estudante universitário e o jovem trabalhador aceitam esse alojamento semelhante a um hotel, mas, assim que se casam, querem um "lar", algo "individual", um lar, ainda que pequeno, próprio, onde possam viver com a família e trancar a porta para a rua.

Ernst May, Moscou:

A construção das cidades na URSS[21]

Leis de planejamento urbano ainda em progresso

Se a afirmação de que a Revolução ainda está a todo vapor se aplica a alguma área da URSS, então esta é a construção de cidades e habitações. Isso não espanta, pois a substituição de uma ordem social de milênios por

21. In: *Das Neue Frankfurt*, caderno 7, p. 117-34. Frankfurt, 1931.
O texto foi revisado pelo autor em razão da palestra que ele proferiu em 5 de junho de 1931, por ocasião do Congresso Internacional da Nova Construção na Câmara da Prússia em Berlim, e no dia 12 de junho, a convite da associação Das Neue Frankfurt, no Saalbau, em Frankfurt sobre o Meno.

uma nova é um processo cujo término, ou mesmo cuja definição clara e inequívoca de direção, dificilmente pode se estabelecer após o curto período de uma dúzia de anos. Mas, como essa reformulação de toda a vida social da URSS, que ocupa um sexto do Planeta, representa a base para toda construção habitacional e de cidades do mundo, esses conceitos também estão em progresso e, hoje, não é possível, por exemplo, fornecer uma receita que, utilizada de forma esquemática, leve a resultados sólidos.

Inúmeras teorias estão em acirrada disputa. Algumas delas já se tornaram conhecidas por meio de publicações no exterior e podem ter causado a impressão de que, de certa forma, representavam as linhas gerais do novo urbanismo russo. Essa impressão não poderia ser mais incorreta!

Até agora, ainda não foi estabelecida uma definição desse ou daquele sistema de planejamento urbano, e provavelmente nenhuma será no próximo período. Isso não significa, porém, que a falta de planejamento e a arbitrariedade dominem esse campo. Os conhecimentos elementares do planejamento urbano moderno que se impuseram na Europa Ocidental nos últimos anos, e ainda estão se impondo, constituem, também na URSS, o bê-á-bá do planejamento. A clara separação entre a indústria e áreas residenciais, o planejamento mais racional do trânsito e a organização sistemática das áreas verdes são considerados pressupostos básicos para um planejamento saudável tanto lá como aqui. A reforma das construções em bloco, que estão em todo lugar, cede espaço à construção das fileiras únicas.

O principal problema da cidade socialista

Fundamentado nessas bases mais gerais, surge o problema real da nova cidade socialista: o desenvolvimento de um corpo urbano que seja, tanto em seu nascimento como em sua organização interna, basicamente diferente das cidades capitalistas. Se nossas cidades surgiram quase sempre em função dos mercados e do comércio, se sua estruturação foi influenciada

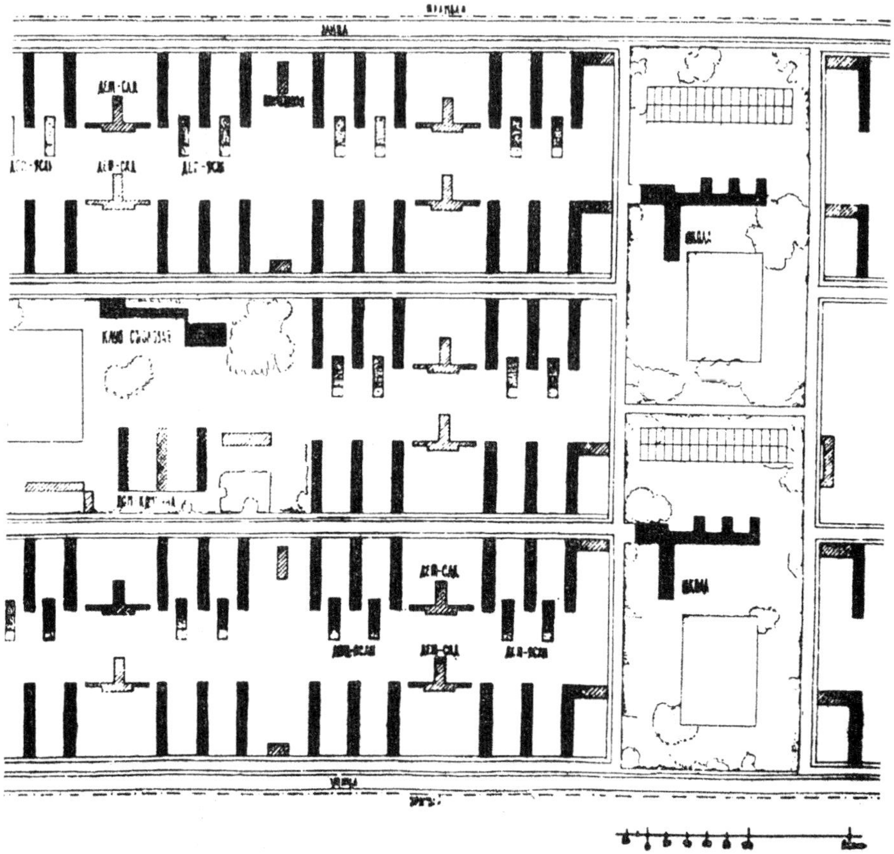

Planta quaternária da cidade
Chtcheglovsk

de modo decisivo pela propriedade privada, a base para a construção de novas cidades na URSS é, sempre e somente, a produção econômica, seja na forma de combinados industriais, seja na forma de colcozes agrários.

A concentração das construções nessas cidades não é mais influenciada, aqui e principalmente nos EUA, pelos preços em parte bastante altos, mas apenas pelas leis de higiene social e da lucratividade (é importante lembrar que a palavra lucratividade passou a ter um novo significado além da fronteira polonesa). Ou seja, investimentos que, do ponto de vista local, possam parecer não rentáveis, podem passar a ter uma rentabilidade convincente sob o ponto de vista da economia urbanística.

Nesse ponto, eu gostaria de ressaltar que nenhum julgamento estrangeiro, entre todos os julgamentos errôneos que são feitos sobre o novo mundo, está mais distante da realidade do que o de acreditar que as pessoas trabalham lá, justamente na área da construção urbana e habitacional, no escuro e sem nenhuma segurança. É verdade que a organização econômica e cultural da URSS é única na história da humanidade. Porém, também é verdade que *essa organização está sendo construída com sóbria percepção da realidade; nota-se, a cada passo, que aquilo que é desejável e ideal é conscientemente deixado de lado, em detrimento do que é possível no âmbito do presente.* No decorrer de minhas explicações, voltarei muitas vezes a esse assunto.

A forma geral da cidade socialista

Em relação à forma geral da cidade, as pessoas estão decididas a evitar, no futuro, aquelas com mais de 150 ou 200 mil habitantes. Nesse caso, a referência é Lênin, que disse: "Deve-se chegar a uma ligação da indústria com a agricultura baseada no uso mais acurado da ciência, combinado com o trabalho coletivo e com o assentamento mais esparso das pessoas. É preciso pôr um fim à desolação, à incivilidade e ao isolamento dos povoados do mundo, como também acabar com as aglomerações não naturais de imensas massas humanas nas cidades!"

O plano quinquenal prevê, além disso, uma descentralização da produção industrial, eliminando assim a base para concentrações humanas grandes demais. As opiniões a respeito de como deve ocorrer o assentamento nessa forma limitada, como já indicado no início, divergem bastante entre si.

a) Construções térreas ao longo da rua

Foi sugerido que fossem *construídas casas térreas sobre palafitas*, ao que parece, em memória de Corbusier, *a intervalos definidos de ambos os lados das estradas* que levariam aos colcozes.

Com certeza, a ideia não passa de uma brincadeira e é considerada, também na URSS, apenas uma ideia teórica. Ela nunca foi executada e provavelmente nunca será; deve ser classificada como improfícua, mesmo no sentido da economia planejada.

b) Colônia disseminada: a Terra, uma boa moradia

Sugeriu-se, ainda, que *a cidade fosse dispersada*, quer dizer, retomou-se uma sugestão feita por Bruno Taut há anos, sob o lema: *A Terra, uma boa moradia.*

Essa ideia também não poderá ser realizada na prática enquanto a base industrial for considerada, pois implica longos caminhos para a classe trabalhadora até o serviço, transporte caro, e ainda ignora o fato de que a economia agrária individual não existe mais na URSS, ou melhor, não existirá mais em alguns anos. E também não considera que uma tamanha dispersão das pessoas em um amplo espaço irá dificultar ao extremo os esforços, inextrincavelmente ligados à nova cidade, de estimular a vida comunitária no sentido socialista.

Dois outros sistemas voltados para a agregação urbana já se tornaram realidade: *a cidade esparsa, mas ainda fechada, e a cidade-satélite.*

c) Cidade em faixas

Com base nas considerações sobre o funcionalismo urbanístico, entendeu-se que o primeiro sistema não poderia encontrar melhor oportunidade para ser realizado do que na URSS, onde nascem na terra os combinados oriundos da desolada estepe. Essa é uma forma adequada para unificar vários problemas importantes, como a organização da indústria de acordo com o sistema do trabalho na esteira e o assentamento de grandes massas humanas, de maneira que seu percurso até o trabalho seja o mais curto possível: a *cidade em faixas*.

Vocês podem encontrar algum material sobre essa e outras formas de cidade no livro de Miliutin sobre os problemas da construção de cidades socialistas, do qual em breve deve ser publicada uma tradução alemã (*Sozgorod. Probleme des Planens sozialistischer Städte*).

A cidade em faixas é estruturada de modo que primeiramente a indústria, desenvolvida com base nos processos internos da fábrica, é organizada em fileiras, sendo a cidade residencial posicionada paralela a ela. As duas cidades são separadas por uma área verde de centenas de metros de largura. A linha ferroviária é colocada, nesse caso, ao lado da indústria, isolada da área verde, de maneira que os trabalhadores que saem de suas casas para a fábrica precisam atravessar a avenida que acompanha a área verde, mas não a ferrovia. Essa ideia é tão saudável e tão imperativa que terá, sem dúvida, grande futuro nos casos em que a forma geral for cogitada, e sempre que a forma satélite, ainda em criação, não for possível.

Naturalmente, o sistema da cidade em faixas será muito influenciado pelas condições geográficas locais. Assim, a sugestão de Miliutin para a cidade de Magnitogórsk, por exemplo, não é realizável, pois a área, incrustada entre uma barragem de catorze quilômetros e os morros da montanha magnética, não permite um desenvolvimento paralelo. Desde o outono do ano passado, houve então uma intensa discussão sobre se a cidade residencial deveria ser colocada do outro lado do lago Ural, sendo ligada à área industrial apenas por duas pontes, ou, como eu e meus colegas sugerimos, deveria ser deslocada para um platô nas proximidades da região da fábrica. Há catorze dias, meu ponto de vista foi confirmado pelo Conselho dos Comissários.

O projeto de Miliutin para Stalingrado também demanda importante deslocamento. Enquanto Simionov sugeriu a divisão da cidade residencial em cinco cidades individuais — um projeto improfícuo, pois a colônia distante da indústria exige longas linhas de transporte através de áreas não construídas, assim como a subida desnecessária de grandes inclinações até o alto do segundo terraço paralelo ao rio Volga —, Miliutin sugeriu, em seu projeto, organizar a cidade residencial em uma faixa separada do Volga por um parque e, então, deslocar a indústria com as ferrovias, separadas da área residencial por uma área verde. Ele se esqueceu, porém, do importante significado do rio Volga como meio de transporte, o qual representa uma via natural e barata de escoamento de matérias-primas e industriais para as indústrias enfileiradas em uma faixa de 35 quilômetros de comprimento. Realmente, já no período pré-guerra, um grande número de edifícios industriais, hoje bastante ampliados e multiplicados, foi construído ao longo do Volga, a fim de possibilitar o transbordo natural da água para a ferrovia marginal que corre ao longo do rio até a indústria.

Em razão disso, incluí em meu projeto também a ideia da cidade em faixas, que aqui simplesmente foi imposta pela natureza, mas na seguinte sequência: via fluvial, ferrovia marginal, indústria, faixa verde, faixa residencial encosta do segundo terraço do Volga.

d) Cidade-satélite

Nos locais onde há amplos intervalos entre cada fase da construção da indústria e dos edifícios residenciais, a cidade em faixas se transforma em cidade-satélite, a última forma da qual falarei. Em geral, o assentamento de grupos de indústrias que não dependem umas das outras, e cuja concentração acarretaria em uma aglomeração exagerada de pessoas, pode ocorrer em forma de satélites em torno de um centro que preencha as necessidades centrais culturais e administrativas, enquanto cada grupo de indústrias e residências é estruturado como corpo relativamente independente.

Planta geral da cidade Magnitogórsk

Sugeri essa solução para Moscou, que, apesar das condições catastróficas do trânsito, ainda continua crescendo em blocos; e a cidade de Novosibirski, devido às suas condições de trânsito e geográficas, também chegou à mesma solução. Inúmeras outras cidades já montaram projetos de ampliação de acordo com o sistema de satélites, que tem uma grande vantagem em relação ao sistema de faixas: a possibilidade de ampliação a qualquer momento, caso surja uma necessidade de expansão não prevista. Como a cidade em faixas é fechada em si mesma, quase sempre é praticamente impossível, ou possível apenas com grande dificuldade, incorporar de forma orgânica um corpo de expansão à estrutura.

A estrutura da cidade socialista

Chego agora à divisão da estrutura interna da cidade socialista. A meta da política da URSS é colocar, a serviço do Estado, todas as pessoas aptas ao trabalho, isto é, não apenas os homens, mas também as mulheres. O comunismo considera um desperdício de valiosa força de trabalho e uma função não mais adequada à vida moderna que a mulher, em vez de atuar física e intelectualmente para o bem comum, e de cuidar de sua mente e corpo em seu tempo livre, seja condenada a tirar pó e cozinhar por uma vida inteira. Ao considerar isso, ele só expressa aquilo que pensam igualmente milhões de pessoas desenvolvidas de todo o mundo. Hoje, porém, nos países capitalistas, essa questão do aproveitamento das forças de trabalho ainda não é urgente, mas, ao contrário, precisa ser adiada em razão do desemprego catastrófico que neles impera. Em contrapartida, na URSS, as condições são tais que, há pouco tempo, o representante russo em Genebra colocou à disposição um cargo que lhe foi oferecido em uma comissão para tratar da questão do desemprego, com a justificativa de que seu país não conhecia esse problema.

Uma das várias e mais importantes medidas para a multiplicação das forças laborais é *o aproveitamento do trabalho da mulher*. O que isso significa?

Significa que todas aquelas funções que a mulher desempenhava até então em casa, ou pelo menos a maior parte delas, devem ser assumidas pelo governo: principalmente a *alimentação* e a *educação das crianças*.

Quando se toca na questão da *alimentação pública*, parece que quase não há dificuldades atrapalhando o caminho. As grandes cozinhas públicas em Moscou e Leningrado, assim como os inúmeros centros das organizações industriais e agrícolas, mostram bons resultados. No entanto, está surgindo uma forte tendência contra uma concentração grande demais de gente nas cozinhas. As pessoas preferem refeitórios menores, nos quais há um certo contato entre os consumidores e os produtores. Por esse motivo, são construídos, junto com as novas cidades da URSS, os chamados combinados alimentares, que, no caso da combinação completa, incluem matadouro, fábrica de pães, armazéns e cozinhas industriais, em que se produzem alimentos semiprontos, que são então levados para os locais de consumo dos bairros residenciais.

Muito mais difícil que o problema alimentar é o problema da educação pública das crianças. Essa questão é sempre abordada. Indivíduos do mundo capitalista costumam ter sempre uma pergunta na ponta da língua: e o que será da família? Eu sempre costumo responder: e o que aconteceu com a família aqui entre nós (no Ocidente)?

Lástima ou não, é fato que o conceito de família tradicional está se extinguindo, que nossos jovens há muito não encontram mais prazer em desperdiçar, nas conversas instrutivas com tias e tios, o tempo que poderiam gastar com os cuidados sistemáticos da mente e do corpo e, ainda, com o descanso em companhia de outros da sua idade. Muitos concordam com isso, mas não gostam de admitir que suas mulheres sejam comunizadas, mesmo que isso já tenha ocorrido sem que se dessem conta.

Eu não quero me alongar nesse tema, mas apenas reforçar que minha impressão pessoal da URSS é a de que, no que diz respeito a questões eróticas, qualquer hipocrisia é condenada, e que a pureza do homem,

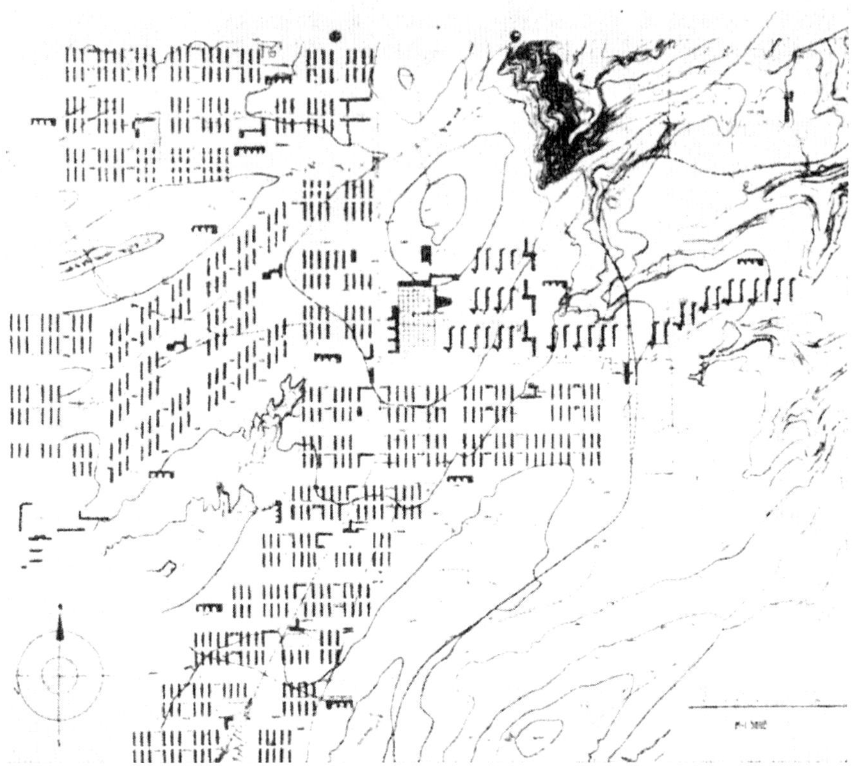

Planta geral da cidade Tirgan

sua moralidade natural, se encaminham para um estado de elevação que nós aqui desconhecemos e desacreditamos. Além disso, a relação entre homem e mulher permanece intocada na vida coletiva, e é considerada uma questão absolutamente privada e individual.

Falta ainda examinar a relação entre pais e filhos. Nessa área, no entanto, ainda não foi dada a última palavra. Os mais radicais exigem a separação total entre pais e filhos já desde cedo. Segundo eles, as crianças seriam alimentadas em berçários, aprenderiam suas primeiras brincadeiras e jogos em escolas, cresceriam em internatos escolares e continuariam seu desenvolvimento em alojamentos juvenis, separados dos mais velhos. Realmente, é uma exigência necessária tirar o cuidado com os filhos da mulher trabalhadora, mas as pessoas buscam isso também de outra forma, deixando as crianças diariamente, durante o horário de trabalho, em um jardim de infância, como também nós fazemos, educando-as em casa nos outros períodos. Para mulheres trabalhadoras com bebês, a mesma função pode ser cumprida por berçários que também devem ser instalados nas grandes fábricas.

Três categorias de habitação

De acordo com a abordagem, mais radical ou mais moderada, desse problema, desenvolveram-se três formas de habitação que hoje progridem paralelamente sem que se possa afirmar que tenha havido uma clara decisão por uma ou outra forma. E isso mesmo que seja visível que a linha geral se encaminha para a promoção cada vez mais intensiva da vida coletiva, principalmente entre as gerações mais jovens que tinham sua mais pura incorporação no *Komsomol*.

a) A habitação 100% individual

O grupo mais moderado é aquele que hoje ainda "possui" a casa individual, para uma família. Possui no sentido estrito do termo, com base jurídica em uma lei de 1918, segundo a qual, ao contrário da desapropriação de todos os imóveis pelo Estado, pequenos edifícios do tipo casa própria residencial no valor de até 10 mil rublos podiam ser mantidos por seus proprietários privados.

Essas famílias vivem como nós, talvez com a diferença, que não é insignificante, de que na URSS as pessoas fazem aquilo pelo que muitos de nós batalham há décadas: são associadas aos assentamentos residenciais, casas populares, ou, como são chamadas na URSS, a clubes que representam pontos de reunião da vida social desse complexo residencial. Os filhos são educados em casa, como sempre, a não ser quando há escolas infantis.

b) A habitação coletiva

O próximo grupo é o das chamadas habitações coletivas ou *obiechidien*.

Nelas moram grupos de pessoas que não possuem mais uma cozinha própria, mas que usam as cozinhas coletivas, instaladas em cada andar da construção, ou as cozinhas públicas construídas para o distrito. Nos jardins de infância e berçários do distrito, são acomodados os bebês de até três anos e as crianças de três a sete anos, muitas vezes só durante o período de trabalho dos pais. A educação das crianças é feita em escolas públicas, exatamente como aqui.

c) A casa-comuna

A forma mais radical é a casa-comuna, um prédio em que, segundo cálculos ideais, cerca de quatrocentas ou, quando há união de dois blocos, oitocentas pessoas criam uma comunidade residencial completa. Cada pessoa dispõe de uma área individual de 6 a 9 m^2, ou seja, um casal tem um cômodo de 12 a 18 m^2. Nesse local, a pessoa, quando quiser ficar sozinha, pode dormir, ler e escrever. Segundo os programas ideais, aqui também está previsto um chuveiro, pelo menos quando há dois cômodos reunidos.

O restante da vida é coletivo, ou seja, as refeições são realizadas no refeitório, havendo, no máximo, uma copa no andar, onde se pode preparar pequenas refeições ou esquentar alguma coisa. Nos salões comunitários do clube, as pessoas trabalham e jogam; em um berçário separado do prédio, mas conectado a ele por um corredor coberto, os bebês são criados; em um jardim de infância, as crianças são acomodadas dia e noite. As que estão em idade escolar dormem em internatos escolares.

A questão do custo da educação pública

A *questão do custo* é bem complicada. Não seria esse sistema habitacional e educacional muito mais caro do que a educação privada?

Nesse quesito, é preciso dizer que ainda não há cálculos conclusivos para uma resposta definitiva, e não vai haver durante muito tempo. Mas pode-se dizer, também, que cálculos estimativos indicam que a instalação de cômodos comunitários no formato descrito não implica aumento de custos, quando são construídos em espaços subtraídos das áreas residenciais individuais.

Resta ainda a questão do serviço. Essa questão deve ser solucionada junto com um cálculo do efeito utilitário causado pela liberação do trabalho feminino, já que é necessária apenas cerca da metade das mulheres liberadas das tarefas de casa para realizar os serviços das instituições não lucrativas.

Política habitacional real

Quando eu disse que o governo da URSS está muito longe de realizar uma política ilusória e que, pelo contrário, mantém seus pés bem firmes no chão da realidade, isso vale principalmente para a questão da habitação.

Nos centros de construção industrial, Magnitogórsk e Kuzniétsk, quando for executada a ação de impacto de acomodação de 700 mil mineiros com suas famílias até 31 de dezembro deste ano, serão construídas 75% de moradias individuais e 25% de casas comunitárias e casas-comuna.

Sobre a estrutura da cidade socialista

Com esses documentos, podemos ter uma visão geral da estrutura orgânica da cidade, que delineio agora de forma breve. Enquanto a cidade capitalista se desenvolve concentricamente, em torno de um mercado, enquanto ela quase sempre assenta ricos, classe média e proletários em bairros estritamente separados, e enquanto essa diferença entre as classes sociais lhe imprime um caráter já visível de longe, a cidade da URSS só conhece um estado, o estado de todos os trabalhadores. Assim, trata-se de assentar essas pessoas de maneira que elas, além da demanda já mencionada da distância mais vantajosa possível do local de trabalho, sejam beneficiadas pela distribuição funcional de todos os estabelecimentos comunitários. Isso significa que berçários, jardins de infância, escolas, faculdades, lojas, lavanderias, ambulatórios, hospitais, clubes, cinemas e outros estabelecimentos estão distribuídos de tal modo que se localizem a uma distância confortável e ideal no que se refere à funcionalidade dos bairros residenciais.

É claro que há um grande número de soluções que atendem a essa demanda. Dois sistemas concorriam recentemente para o planejamento geral de Magnitogórsk: a sugestão de Tchernichóv, que previa a tripartição da cidade e instalava um centro em cada grupo, e a sugestão que montei junto com meus colaboradores mais próximos, que parte do princípio de que a cidade socialista deve ser uma unidade. Dessa forma, a tripartição deveria ser rejeitada por ser arbitrária, e devem ser criados elementos organizadores, calculados de acordo com a possibilidade de uma provisão mais vantajosa para as instalações comunitárias.

Sugeri unidades, os chamados quartéis, de 8 a 10 mil pessoas. A comissão do Sovnarkom encarregada acolheu essa sugestão, que foi utilizada como base para todos os projetos que surgiram depois.

Avaliação de custos dos projetos urbanísticos

Pela soma bilionária que a URSS está investindo — e esse valor não vem de empréstimos, mas de recursos correntes — na construção tanto de sua indústria quanto de suas novas cidades a ela associadas, deve interessar saber em que medida a questão da *avaliação de custos dos projetos urbanísticos*, ainda não solucionada pelo urbanismo do Velho Mundo, já foi lá implementada. No livro já citado de Miliutin, há um curto capítulo que inclui, em linhas gerais, os fundamentos para uma estimativa das novas cidades com base no programa criado pelo órgão estatal de planejamento econômico, *Gosplan*, sob o título "Os custos aproximados da construção". Essa estimativa deve ser ampliada com os custos de todos os edifícios públicos, dos combinados alimentares, dos estabelecimentos de transporte, etc. Assim, tem-se uma visão geral aproximada do custo total de uma cidade socialista.

Essa lista deveria então ser confrontada com os cálculos paralelos para a base industrial, e ainda deveriam ser deduzidos de suas receitas os custos de manutenção e juros de capital do investimento municipal; daí teríamos algo semelhante ao primeiro balanço urbano. Já antecipando: "teríamos", pois ainda não temos nada e vai demorar um certo tempo até que isso ocorra. O que sabemos hoje, por experiência, é que, na URSS, convertendo rublos em marcos, os custos para a construção de uma cidade socialista atingem um valor em torno de mil a 1.400 marcos por habitante. Enquanto se mantiver o trabalho na URSS em ritmo de alto-forno — e os obstáculos descritos com mais detalhes a seguir não forem eliminados —, só podem ser realizados cálculos aproximados de custos, em vez de cálculos cientificamente exatos, com o risco de desvios maiores ou menores da realidade.

Obstáculos à construção

Grandioso esse plano quinquenal da URSS, admirável a clara definição de metas, a linearidade do caminho para se atingir as metas. Mas, mesmo assim, seria uma apresentação parcial se não mencionássemos as imensas dificuldades que atrapalham a realização do plano na área da construção.

Eu já citei a extrema falta de força laboral capacitada para realizar o intenso trabalho necessário, principalmente a especializada. Mas não estou falando aqui mais uma vez da mão de obra técnica, que poderia ser (e será) melhorada pelo registro mais racional dos trabalhadores intelectuais massificados nas grandes cidades. Penso, sim, no grave problema da aquisição de trabalhadores de baixa instrução para aterragem, alvenaria e carpintaria. A nova mão de obra, que se desloca constantemente para os centros industriais, é recrutada em geral entre os camponeses, que, sobretudo nas províncias distantes, têm um nível cultural muito baixo. Se quisermos avaliar as condições da URSS de forma justa, não podemos esquecer, por um lado, que é fácil cultivar um país da extensão de Alemanha, Áustria ou Itália; mas, por outro lado, é necessário um esforço de gerações quase sobre-humano para levar mesmo os fundamentos mais elementares da civilização humana até a costa do Oceano Ártico ou até a fronteira mongol.

Logo após a questão humana, vem o problema dos transportes. A situação da URSS ainda é semelhante, em alguns aspectos, à de alguns latifundiários capitalistas e proprietários municipais que podem se sentir hoje paupérrimos por possuírem valores em mãos que não conseguem converter em dinheiro.

Tesouros de gigantescas dimensões estão escondidos no solo, mas já investigados, desde platina e ouro até madeira e carvão. Mas, se olharmos o mapa da Rússia, veremos na parte asiática da URSS algumas ferrovias, principalmente a transiberiana até Vladivostók e suas linhas secundárias menores, e a recém-construída Turquistão-Sibéria. Todos os outros transportes têm de ser realizados arduamente por rios e em pequenos carros ou trenós. O ímpeto produtivo do período pós-guerra mal deixou tempo para conservar e ampliar as linhas ferroviárias do país, de forma que o transporte de quantidades imensas de materiais se tornou um grave problema.

Um pouco mais complicado que os dois impedimentos descritos acima, porém, é a *escassez de importantes materiais de construção*, que se deve ao fato de a Rússia do período pré-guerra ter não só negligenciado qualquer estrutura industrial, como também abandonado a expansão da indústria de materiais de construção para a escala necessária. Assim, hoje a URSS se encontra diante da dificílima tarefa de ter de desenvolver um programa industrial e agrário de dimensões nunca antes existentes, de fazer surgir do nada fábricas de meios de produção e de materiais de construção. Ferro, vidro, materiais para telhados, cimento e várias outras coisas constam da lista de materiais deficitários e só podem ser utilizados nas construções em casos imperativos.

Por essa razão, foi publicado nos últimos tempos um grande número de decretos e disposições que tornam obrigatórias as mais severas medidas de economia em relação a esses materiais, e prescrevem o uso mais intensivo dos materiais de construção locais. Com claro reconhecimento do essencial, priorizou-se a construção da indústria na cidade e no campo, e só depois a construção de habitações.

Ação de impacto: 700 mil habitações até 31 de dezembro

Dito isso, fica mais fácil compreender o que significa organizar a tarefa que *está sendo executada atualmente por decisão do Conselho dos Comissários do Povo e por iniciativa pessoal do próprio Stalin sob a minha coordenação técnica: o assentamento de 700 mil trabalhadores e suas famílias até o dia 31 de dezembro deste ano.*

Aqui, as bacias do Doniets e de Kuzniétsk, o Ural e Karaganda devem ser relevadas.

Para finalizar minha exposição, gostaria de dar um pequeno panorama de uma parte da ação de impacto aqui descrita, mais especificamente da organização do contingente de 25 mil habitações na região do Doniets.

A base da ação é a *tipificação e padronização radical*. Enquanto um grupo de vinte arquitetos viajou através dos 150 canteiros de obra na região do Doniets com o objetivo de definir e medir a área a ser construída segundo as instruções recebidas, nas centrais foram criados quartéis padronizados para serem inseridos nessa área. Serão utilizados quinze tipos diferentes, essencialmente casas-padrão produzidas nas grandes marcenarias russas, que precisam apenas ser montadas no local. Ao ser despachada da fábrica, cada peça de madeira recebe uma marca, indicando o local, e um número, para evitar confusão durante o transporte e a montagem. Um setor especial para materiais de construção organiza a entrega dessas peças, sendo o controle local feito por um *cartel construtor criado para essa ação: Donchilstroi*, com sede na capital da Ucrânia, Khárkov.

O cartel abriu filiais em seis distritos principais, as quais, por sua vez, mantêm em seus respectivos distritos um grande número de escritórios de construção, cada um deles coordenando a construção de cinco a seis assentamentos.

Já mencionei aqui que estão em falta um grande número de materiais de construção, como, por exemplo, aqueles para telhados. Em um *laboratório muito bem equipado em Moscou*, estamos trabalhando a fim de conseguir substitutos para esses materiais. Um grande número de excelentes cientistas apoia esse trabalho. Para controlar o tempo e a qualidade, foram tomadas três medidas, e em cada canteiro de obras se estruturou uma *agenda*. Com base em um exemplar idêntico, a central ucraniana, por meio de relatórios telegráficos a cada três dias, controla o andamento dos trabalhos. Três *brigadas de controle* equipadas com automóveis foram contratadas e se deslocam de um local a outro para controlar a manutenção dos princípios técnicos. E, por fim, o diretor operacional e seus *colaboradores* realizam *controles aleatórios*. As ações no Ural e nas bacias de Moscou e de Kuzniétsk foram organizadas de forma semelhante. Obviamente, em função das dificuldades já mencionadas, é preciso garantir uma elasticidade excepcional na organização. *O impossível é almejado, o possível é realizado.*

Conclusão

Anteontem, quando subi no trem em Moscou, no vagão internacional que vinha de Charbin, e entrei no vagão-restaurante, um inglês nada inglês caminhava de mesa em mesa e dizia, com a voz anasalada, apontando para pequenas manchas nas toalhas de mesa: "*Oh, how dirty!*" Ele falava mal da Rússia.

Eu também vi essas manchas, e outras ainda maiores e mais graves: vi as dificuldades na área alimentícia, que ainda existem em alguns locais, bem como o mau estado de conservação das casas nas grandes cidades; em suma, vi um momento desfavorável da URSS, que, no entanto, é um argumento relevante para a possibilidade de entendimento internacional, do novo burocratismo. *E, apesar de tudo, não tenho dúvidas em chamar aquilo que está sendo atualmente realizado ali de um ato histórico.*

Fico feliz pelo fato de o Congresso da Nova Construção ter decidido realizar o próximo encontro na URSS. Os participantes terão a oportunidade de se convencer pessoalmente do trabalho lá realizado, de relatar o que viram em todos os países, ajudando a superar preconceitos que atrapalham a compreensão entre os povos e impedem uma recíproca colaboração pacífica.

Martin Wagner, Berlim:

A Rússia constrói cidades[22]

Ironia do destino: no mesmo dia em que mais de mil urbanistas realizaram sua reunião final, após cinco dias de uma autópsia pública do cadáver dos corpos urbanos europeus, e ditaram seu impotente "Nós não conseguimos", o conselheiro municipal licenciado Ernst May fez uma grande palestra sobre a construção das cidades russas para um círculo de jovens arquitetos entusiasmados e empresários da construção curiosos. Apenas os planos apresentados por May, suas explicações, a forma de sua apresentação, bem como sua espiritualidade fresca e florescente, não teriam sido suficientes para agitar todo o auditório e estimular cada espectador. A juventude construtora sentiu instintivamente que uma nova vida vem da Rússia, que lá nascem possibilidades e amadurecem realizações, que a alegria criadora do urbanista, libertada de todas as amarras dos limites da propriedade e do interesse próprio privado, pode ser vivida em sua plenitude. E essa felicidade antecipada pelo que virá, esse prolongamento após um trabalho árduo, essa penetração de um ar ensolarado em um local de trabalho escuro e mofado, isso é o que transformou a palestra de May em um grande acontecimento para os berlinenses.

No âmbito dessas explicações, minha função não pode ser apenas reconhecer o valor dos libertadores trabalhos urbanísticos russos. Parece-me mais importante para o leitor, como para mim, buscar a clareza sobre a *ideia construtiva* do urbanismo russo.

Planejamento nacional

"Planejamento nacional" é um termo bastante ambicioso dos urbanistas alemães. Ele é sempre citado, apesar de sabermos que o verdadeiro

22. In: *Tagebuch,* caderno 30. Berlim, 25 de julho de 1931.

planejamento nacional sem a "economia planejada", tão polêmica em termos político-econômicos, ou seja, sem o setor público e a economia de demanda, não é *possível*!

Na Rússia, o plano quinquenal criou, pela primeira vez na história do urbanismo, os *pressupostos* para um planejamento econômico nacional em grande estilo. Eu não sei se esses pressupostos serão utilizados integralmente, mas sei que eles não existem em nenhum outro país da Europa e que os preparativos para o planejamento econômico nacional na Rússia estão muito mais avançados do que poderiam sonhar os mais criativos urbanistas alemães.

Durante minha curta viagem de estudos a Moscou, o diretor do Banco Comunal, responsável pelo financiamento das novas cidades russas a serem construídas, me entregou os documentos referentes ao planejamento nacional de cada nova cidade. Eram grossos volumes impressos, repletos de estudos e tabelas sobre a economia nacional, avaliações do solo, clima, fontes de matérias-primas, possibilidades de transporte, etc. Mesmo sem ter conseguido verificar seus valores internos e locais relativos à construção de inúmeras novas cidades grandes, eu gostaria de perguntar, destacando a simples *existência* desses documentos, ao urbanista alemão: "Quando e onde um Conselho Superior de Economia Nacional lhe enviou as instruções para você atuar como *integrante* de um plano nacional apropriado, junto com o *orçamento aprovado* e com o cronograma de *execução* do projeto de construção?" Aqui, urbanismo é a teoria que passou de *uma* geração para *outra*. Na Rússia, urbanismo é trabalho diário realista.

O planejamento nacional russo em grande escala também tem a intenção de criar apenas cidades utilitárias de tamanho limitado (de 100 a no máximo 200 mil habitantes) para a extração e o processamento de recursos naturais locais, ou para a produção regional de bens de consumo. O que não daríamos para termos a possibilidade de transformar nossas inúmeras cidades e indústrias concorrentes, com seus aparelhos improdutivos e não lucrativos, em uma economia regional e central de bens de consumo! Nós não podemos! Ainda somos "ricos" demais para conseguirmos implantar uma economia planejada de bens de consumo. Deixamos se esvair a região do Ruhr em prol da Alta Silésia e da área de linhito da Alemanha central, e mantemos em cada mina atividades tão improdutivas que mesmo os ingleses conseguem, com sua importação de carvão, tirar o trabalho dos carvoeiros alemães, tornando-os desempregados. Nosso "Conselho de Economia do Reich" *conhece* esse problema, que se estende de cidade a cidade, mas não consegue solucioná-lo, porque seu poder vai só até as fronteiras estaduais e não pode penetrar nos limites de cada proprietário, passando pelas fronteiras da província, da comarca e da comunidade. Enquanto não tivermos um Conselho de Economia Nacional que seja senhor de todo o solo e de toda matéria-prima, nosso planejamento continuará sendo uma *ilusão*.

A ciência e a prática econômicas urbanísticas serão fundadas no planejamento nacional russo. Nós, europeus ocidentais, ainda sabemos muito pouco sobre ele para fazermos um julgamento de valor que não seja superficial.

O planejamento econômico nacional dirigido por uma central não tem, todavia, apenas um lado positivo, ele pode também apresentar um lado sombrio se *não for capaz de evitar o perigo de uma má direção burocrática e do mau investimento, impensado e apressado*. Com o caráter utilitário das cidades, um erro de cálculo poderia facilmente levar a um investimento incorreto e, com isso, à perda de todo o capital investido, o que, no caso de cidades com 100 mil habitantes, significaria um prejuízo nacional da grandeza de meio bilhão de marcos. Mesmo que os gastos das cidades para os russos — diferentemente de todas as outras cidades do mundo — sejam contabilizados em zero marco, porque foram construídas com a *receita do trabalho corrente*, a economia nacional será atingida mais uma vez por um gasto da *mesma* grandeza, pois — ao contrário das cidades capitalistas — deve ser providenciado um *novo* enraizamento de 100 mil pessoas em *outro* local. *Por isso, o cálculo prévio cuidadoso para todas as cidades utilitárias no âmbito de todo o balanço econômico nacional é a primeira pré-condição para o planejamento nacional.*

Uma segunda vantagem do planejamento nacional russo que salta aos olhos consiste no fato de que a Rússia pode expandir sua rede de transportes, ainda relativamente jovem e não de todo desenvolvida, segundo pontos de vista apenas *econômicos*. Ela não precisa incluir na rede ferroviária — como aqui — velhos vilarejos e cidadezinhas históricas que não têm mais nenhum grande direito de existência nacional-econômico e que apenas sonham com sua antiga beleza, sobrecarregando sem necessidade a rede ferroviária geral. A Rússia pode expandir os pontos de partida, chegada e bifurcações do transporte em associação com as cidades utilitárias segundo os princípios da maior viabilidade econômica das instalações e da atividade exercida, evitando, dessa maneira, as viagens com vagões vazios, tão temidas pelos especialistas em transportes. Assim, por exemplo, a nova cidade de minério de ferro, Magnitogórsk, enviará esse produto para a cidade do carvão, Kuzniétsk, situada a 2 mil quilômetros de distância, e receberá de volta dessa cidade os mesmos vagões carregados de carvão, para fundir uma parte da produção.

A rede de transporte intermunicipal na Rússia já é tratada como parte de um único empreendimento industrial, que assumiu a forma de uma cidade utilitária. As instalações industriais e de transporte se desenvolvem naturalmente na direção de um balanço econômico único. Se a indústria está bem, a ferrovia também está; e se a indústria não está bem, a ferrovia também não está. Essa é a vantagem visível, mas também a desvantagem visível, de todas as instalações industriais especializadas e, com elas, das cidades utilitárias.

Então é melhor recorrer às *cidades industriais mistas*? Certamente que não! Paralisações nas vendas de matérias-primas, de produtos prontos e semiprontos provocam também em nossas cidades mistas grandes quedas nas curvas de cargas transportadas pela ferrovia do Reich. No entanto, a economia russa voltada para as necessidades ainda tem o controle para *não* permitir o surgimento de conjunturas ou *equilibrá-las* com mais rapidez. E, nos locais onde tal equilíbrio não é possível, então o novo sistema russo das cidades utilitárias terá de considerar eventualmente um — como diremos — "fechamento da cidade" com todo seu aparelho industrial. O fechamento de uma câmara como essa no grande edifício econômico russo me parece ainda mais efetivo do que a obrigação que temos aqui de alimentar, com assistência ao *desempregado*, vilas e cidades inteiras cujos principais locais de sustento estão parados no momento (vide a indústria do vidro, etc.!).

Planejamento regional

Na Alemanha — mas não apenas lá —, as cidades, assim como os centros comerciais com muralhas da Idade Média, ainda são marcadas por uma certa postura de *combate* e *hostilidade* ao país, ainda hoje claramente perceptíveis tanto no âmbito político quanto no econômico. Por não haver afinidade organizatória entre a cidade e o Estado, essa postura hostil impede o surgimento de um planejamento econômico regional. O novo urbanismo russo não poderá deixar de considerar que suas cidades são criadas para a população de um *Estado*, e não de uma *cidade*.

No âmbito de uma ampla economia de suprimento de necessidades, não se pode imaginar que cidades sejam planejadas e construídas sem que se inclua a região que alimenta cada uma delas. Pode ser que existam ainda hoje, na Alemanha, urbanistas e professores de urbanismo que não tenham interesse pelo fato de que cada região periférica suburbana, próxima ou distante das cidades, sobretudo das cidades grandes, adapte suas atividades agrárias e se torne *dependente* da necessidade de consumo e das difusões de valores da cidade. Quem se der ao trabalho de estudar por longo tempo a amplitude, a produtividade e os preços dos empreendimentos rurais das imediações das cidades pode ficar bastante admirado com a força da influência por elas exercida sobre a mudança estrutural dos empreendimentos rurais.

Tudo o que foi criado aqui em um *século* de desenvolvimento municipal (além de ter sido atrapalhado por tradições, sucessões e interesses econômicos opostos), no que se refere à cooperação orgânica para o suprimento de necessidades da cidade e do campo, a Rússia deve construir em poucos *anos* em suas novas cidades utilitárias. O planejamento municipal russo é transformado em planejamento regional com efeitos diretos, inimagináveis na Alemanha, sobre a região de produção rural. A economia rural e urbana nas novas cidades russas se transforma em uma unidade orgânica.

Mas como conseguir essa unidade apenas pelo planejamento? O que um "urbanista" entende de cultivo de terras e de agricultura? Como ele pode saber que deve incluir no esqueleto do transporte municipal também o contínuo transporte diário de leite, legumes e outros produtos das regiões rurais provedoras mais próximas, que deve cuidar também dos gêneros agrários de primeira necessidade de regiões produtoras mais distantes em *outro* local de sua rede de transportes? Como ele pode saber que quantidade de bens é utilizada diariamente ainda fresca ou vinda do depósito? Com todas essas questões, entramos em uma área de especialidade que nunca foi tratada pelo urbanismo alemão sobre uma base econômica responsável, o que mostra o quanto o urbanista deve se ajustar à arte do *maestro*, porque mesmo o urbanismo russo, menos ainda do que o alemão, não conhece todos os ramos específicos do planejamento regional.

O escritório russo regional de planejamento é bem diferente dos órgãos públicos alemães e seus escritórios — mesmo porque ele não realiza um trabalho no *papel*, mas sim *executa trabalhos práticos*. O escritório de planejamento russo é parte do Conselho de Economia Nacional, que incumbe esse setor de desenvolver detalhadamente o *programa de produção* econômica das novas cidades com um balanço previamente elaborado, enquanto o setor de planejamento regional assume o desenvolvimento técnico e estrutural da concepção da cidade, cuja *construção* é então repassada a um terceiro setor, o executivo. Assim, o urbanista russo só pode ser o maestro que reúne os especialistas de cada área para uma produção econômica e estrutural unificada. Quais urbanistas construtores alemães, não *planejadores* — pois *construtores* de cidades a Alemanha nunca teve! — não gostariam de ser maestros nessas circunstâncias e de participar do desenvolvimento do programa de produção para uma nova cidade já no escritório comercial? Pois na Rússia é criada e preparada uma comunidade municipal para fornecer e receber, para débitos e créditos, coisa que até hoje considerávamos impossível. Novos objetivos e parâmetros surgem diante de nossas concepções!

Até então aceitávamos o chamado crescimento "orgânico" das cidades, impulsionado por uma economia inorgânica e caótica, como um intocável "expediente" de Deus. Assim, caricaturas de cidades como Nova York nos convenceram não apenas de que essa cidade podia ser tudo, menos eficiente; porém, nós, urbanistas, começamos também a refletir sobre o balanço *econômico* das cidades e a exigir que elas, como todo cidadão e qualquer empreendimento econômico, não *consumissem*, mas *aumentassem* a riqueza nacional. Mas o que nós sabíamos e o que sabemos ainda hoje sobre o balanço econômico nacional de nossas cidades? Sobre a produção, o comércio e o consumo, os órgãos públicos só fazem as estatísticas que não revelam os "segredos empresariais" privados, e assim não é possível para as nossas cidades elaborar um balanço econômico municipal.

Planejamento urbano

Todo urbanista alemão vai ficar boquiaberto ao ver seus colegas russos trabalharem no planejamento de uma cidade. O quê!? Não há vinte leis que impedem um planejamento racional com uma rede tecida por limites de propriedade? E não há 24 órgãos públicos aos quais se deve pedir permissão para determinar o perímetro da construção? Não há competências e consequências, e aquilo que se *planeja* pode-se realmente *construir*, pode-se realmente ver e vivenciar um dia? A normalização e a fiscalização das construtoras tampouco são impedimento para a livre criação? Sim, será que, sob *tais* pressupostos, o planejamento urbano se torna obra de um trabalho sem dificuldades? E onde fica a produção física e intelectual na batalha contra a Hidra dos órgãos públicos, as jurisdições e os parágrafos?

Uma tal comparação, que hoje não é mais um sonho, mas se tornou realidade, efetivamente faz com que 90% do trabalho de nossos urbanistas na Alemanha pareçam uma inutilidade totalmente improdutiva. Mas seria um grande erro avaliar o trabalho do urbanista russo, livre das formalidades sem importância e das deferências às propriedades, como uma brincadeira de criança. Toda a grandeza social, tecnológica e artística do extenso trabalho criador e estruturador do urbanista se inicia somente após a liberação das fronteiras da propriedade. Aqui, o planejamento urbano é de fato só *planejamento*. Na Rússia, o planejamento urbano é de fato só *construção* urbana!

Os urbanistas russos se encontram diante de uma tarefa que não foi colocada à humanidade do último milênio: *criar cidades socialistas totalmente novas!* Não admira que, diante dessa amplitude de objetivos, as opiniões sejam muito divergentes, transformando-se em ideologias ilimitadas. Planejamentos *realistas* e *mais próximos* da realidade, como o do colega Ernst May, são então julgados da seguinte forma pelo redator vanguardista Paul F. Schmidt, sempre muito objetivo em seus julgamentos, (vide *Der Abend* de 9 de junho de 1931): "A planta dessas cidades e habitações comprime as pessoas, como um corselete de ferro, em uma homogeneidade sem alma. São cidades para escravos do Estado, que não podem mais levar uma vida pessoal própria, e cuja existência só tem um sentido: trabalhar como escravo para o Estado e fazer filhos!" Quando li essas palavras, pensei em como até mesmo os socialistas devem estar se sentindo bem no "corselete de ferro" do urbanismo guilhermino de Berlim, com blocos de apartamentos e catacumbas nos pátios, já que rejeitam com palavras tão negativas a obra urbana e de política habitacional libertadora, claramente visível nos projetos de May para qualquer pessoa objetiva.

Concordo em um ponto com Paul Schmidt, mas em um nível bem diferente de sua crítica, isento de qualquer ligação político-partidária: eu também (tampouco o próprio May) ainda não posso classificar a estruturação formal das novas cidades como "resolvida", quer dizer, desvinculada de tendências diárias e concepções ultrapassadas. Não quero, de maneira alguma, com essa observação, falar em nome do puro absurdo, como se o socialismo tivesse de criar uma forma artística, uma "forma artística puramente socialista". Quem anseia por isso não tem ideia do que seja arte, nem socialismo. Mas as cidades russas também precisam ter uma *forma*, e uma forma que proporcione a vida e a elevação espiritual. Os maiores e mais sublimes sentimentos de um *Zeitgeist* socialista devem surgir nelas. Não existe uma linguagem mais forte para o povo do que a falada pelas pedras tornadas numa forma. Nenhuma caixa de som e nenhum orador, por melhor que seja, realizam um trabalho de formação e persuasão de maneira tão consequente, duradouro e que atravessa gerações como o faz uma construção e, que dirá, uma cidade inteira. Esse poder do trabalho artístico foi, é e sempre será o trabalho de *grandes artistas talentosos*, dos quais o mundo não cria mais do que uma dúzia em um século. Ainda falta aos russos criar a cidade socialista como forma artística, como catedral do povo e do socialismo.

Planejamento habitacional

A forma da habitação socialista é hoje uma polêmica na Rússia. Eu não quero nem mesmo discutir qual a metragem por cabeça devida a um povo. Essa é uma questão exclusiva da riqueza econômica nacional, e não da boa ou má vontade dos líderes econômicos e administradores financeiros. Qualquer crítico objetivo das condições habitacionais russas perceberá, sem dificuldades, que a Rússia, em seu audacioso salto de sociedade estatal para sociedade municipal, não poderá elevar seu padrão residencial em poucos anos de 3 para 12 e 24 m^2 por cabeça e, ainda, extrair do solo uma riqueza industrial.

A questão que quero levantar é, portanto, qual a *forma* que deve satisfazer a habitação russa. Penso que devo alertar enfaticamente que nenhum urbanista, como tampouco nenhum político, pode inventar *a* forma de habitação socialista. Mas acredito, sim, que a nova forma só pode se desenvolver com base na diversidade. Portanto, a Rússia está no caminho certo ao desenvolver a *residência familiar* — paralelamente à *residência hoteleira em um prédio de apartamentos* — em diferentes formas, deixando ao tempo, digamos, uma geração, a depreciação desses edifícios residenciais, para então substituí-los por tipos melhorados.

Apenas *um* tipo de habitação me parece bastante negligenciado no novo planejamento da Rússia: a residência anexa russa, de madeira, a casa da família. Um povo como o russo, tão ligado ao campo e à terra, sempre vai retornar de alguma maneira para o solo e o jardim, para a vida natural. Creio que o desenvolvimento da política habitacional russa será, talvez, mais um avanço *material* da população na direção da forma natural da residência familiar, uma *casa* (jardim, carro, etc.), e não da forma inventada pelo "latifundiário", de residências paralelas, sobre e superpostas.

Durante a estruturação da cidade socialista, quanto mais nos distanciamos do cerne da vida urbana, a residência, recorrendo aos elementos comunitários, às instituições de educação física e intelectual, mais *inseguro* se torna o solo intelectual sobre o qual o urbanista deve trabalhar. No entanto, é *nessa* parte do urbanismo socialista que reside a "novidade" essencial de sua tarefa. E eu gostaria, como socialista, de ir ainda mais adiante e dizer: aqui está tudo o que ainda não foi verbalizado nem configurado, aquilo que quer se tornar forma entre uma pessoa e outra; aqui está o grande contrapeso ao material, o psíquico e sonhador que faz surgir aquele espírito da comunidade *maior* e da vivência *mais elevada*, como aquele no qual ele se transformou nas grandes comunidades religiosas e encontrou sua forma em cidades-templo, mosteiros e catedrais.

Quantas instituições de educação física e intelectual de toda espécie a Europa capitalista criou, e onde existe nelas aquele fórum da comunidade que transforma a grandiosa observação e audição em vivência íntima? Ele não existe! Deve existir em uma ou outra, num jardim de infância, numa escola de esportes, num teatro, num encontro, no ritmo de trabalho, um pouco em todo lugar, mas sem ter amadurecido em lugar algum. Aqui está a grande tarefa do urbanista e maestro! Para essa tarefa, deve-se dar a ele *tempo* para enviar seus submaestros que venham a juntar os tijolos do espírito. Para essa tarefa, deve-se dar a ele os meios para o planejamento, a experimentação e a modelagem. Para essa tarefa, deve-se liberá-lo do dia de trabalho, a fim de que possa investir sua melhor força na grande obra da educação física e intelectual.

Nesses centros da comunidade residirá a supremacia intelectual e física das cidades socialistas da Rússia ante as cidades capitalistas da Europa Ocidental.

Hannes Meyer, Moscou:

Construção, construtores e técnicos na União Soviética[23]

Baseado em uma palestra de Hannes Meyer, antigo diretor da Bauhaus em Dessau, hoje arquiteto em Moscou, proferida em 13 de outubro de 1931 em Berlim.

Quando ouvimos um arquiteto falar, pensamos em uma pessoa da classe média intelectual e financeira que, na cultura ocidental, desempenha o

23. In: *Das Neue Russland*, caderno 8/9. Berlim, 1931.

papel de um malabarista que se equilibra entre os bancos e os especuladores imobiliários, entre os órgãos públicos e as empresas construtoras, e entre os futuros ocupantes do projeto a ser realizado. O malabarismo consiste em 90% de sua atividade profissional, e somente nos intervalos ele pode se ocupar da construção como arte.

Como essa situação é diferente da nossa posição na União Soviética! Lá, os arquitetos são construtores à frente do plano quinquenal, da *Piatiletka*. Nessa frente de trabalho, somos construtores e oficiais do esquadrão técnico. Como construtores, nós, arquitetos, somos sindicalistas — meu cartão sindical tem o número 629.828. Somos construtores científicos e práticos que ajudam na construção da nova economia socialista. Temos muitas posições. Eu, por exemplo, trabalho no Instituto para a Construção das Instituições de Ensino Técnico (*Giprovtus*), no Instituto para a Construção Urbana (*Giprogor*) e no Instituto de Construção Habitacional. Sou professor na Faculdade de Arquitetura (*Vasi*) em Moscou, colaborador na construção da Casa dos Conselhos, do teatro de massas, da Casa do Livro, da Casa da Editora Nacional (na qual são produzidos 12 milhões de livros por ano), da Escola Lênin, da Academia Comunista, etc. Nós só trabalhamos em grupos, ou seja, os trabalhos realizados são coletivos, não se trata da "personalidade", somos um átomo entre milhares.

Estamos também nos esforçando para aumentar o número de *estudantes universitários*. Tornar-se um universitário é, para nós, uma distinção, e não um privilégio, como na Europa. Quem se destaca pelo seu trabalho na empresa é enviado para a faculdade. Os universitários não levam uma vida como os estudantes dos países ocidentais, pois participam produtivamente da estruturação socialista. Entre nós, não existe o estudante do tipo ocidental. Na União Soviética, ele é considerado um trabalhador, recebe seu salário como um trabalhador. O estudo é visto como trabalho produtivo, tão produtivo quanto o desempenhado em qualquer fábrica.

O estudo universitário na União Soviética faz parte do planejamento econômico. Temos a obrigação de, sempre que possível, deixar que todos os estudantes continuem trabalhando. Os estudantes se agrupam em brigadas de quatro a cinco camaradas. O princípio é: sai a educação individual, entra a educação em brigadas! No primeiro semestre, o estudante entra em uma brigada já existente, na qual há estudantes mais velhos. Não queremos apenas a melhora da educação geral, queremos mobilizar todo o professorado. A quantidade de professores deve ser anormalmente grande; mas esse grande número de professores ainda falta. Entre nós, os estudantes aprendem os ensinamentos básicos sobre as ideias marxista-leninistas e stalinistas. A tese da realização do socialismo é fundamentada teoricamente. O conhecimento médio dos estudantes nessa área é enorme. Um outro ponto importante para nós é a forte especialização dentro de cada profissão. Na arquitetura, são quatro as categorias: *construção agrícola, industrial, habitacional* e *cultural*. Durante os quatro anos de estudo, os estudantes têm aula de ciência militar e ainda prestam noventa dias de serviço militar. Para nós, existe uma unidade entre o Estado e os estudantes universitários. O *soldado do Exército Vermelho* não está lá apenas para proteger sua pátria proletária em caso de perigo; ele é, antes de mais nada, um poderoso elemento cultural. Todos os estudantes servem como esquadrão técnico. A escola não é, em princípio, um prédio educacional, mas um prédio empresarial, uma fábrica. A escola verdadeira só foi anexada a ele. Ultimamente, não construímos mais escolas, apenas transferimos as aulas para as fábricas. Não existe uma empresa sem um esquadrão técnico, nenhuma fábrica sem escola. Na União Soviética, há quatro escolas diferentes: *faculdade de trabalhadores, escola de fábrica*, *escola técnica* e *faculdade técnica*.

Num antigo mosteiro, a trinta quilômetros de Moscou, foram abrigados 1.200 estudantes (entre 10 e 27 anos), selecionados nas estradas intermunicipais de toda a União Soviética (com as mais diferentes línguas). Esses estudantes formam uma comunidade. A escola é autônoma e inclui uma escola primária e uma escola técnica. Às 9 horas da noite,

60% ainda trabalham como brigada de choque. Os estudantes têm toda liberdade e decidem tudo de forma totalmente autônoma. Essa escola foi fundada pela GPU, que realiza um trabalho impressionante de construção e educação para o socialismo.

Na União Soviética, a empresa substitui a família em quase todas as questões. A empresa cuida de tudo, ela é o centro de nossa existência coletiva. O trabalhador que fica no escritório não tem valor diferente do de seus camaradas lá fora, em cima dos andaimes. A distância entre o operário e o homem das ciências deixou de existir.

Um ponto importante, naturalmente, é o dinheiro. O banco diz que o rublo está valendo quase 2,15 marcos do Reich. Mas é assim lá: quanto mais proletária a forma de vida de uma pessoa, maior valor tem o rublo. Um exemplo: na empresa, um bom e farto almoço custa 38 copeques[24] (sopa, prato principal, sobremesa, pão e chá). A mesma comida custa no clube (apenas com outra apresentação) 1,5 rublo, enquanto no hotel (exatamente a mesma comida) custa 6, 8 ou mesmo 10 rublos. Isso vale também para as residências. Nesse contexto, eu gostaria de dizer, ainda, a todos que se candidatarem a trabalhar como especialistas na União Soviética, que nem devem brigar muito por salários altos. Eu mesmo, com meus colaboradores, atingi o nível de camarada. Nós recebíamos o mesmo salário que os camaradas russos (300 rublos para iniciantes, 400 rublos para avançados). No início, é difícil para os arquitetos estrangeiros sobreviver com esse dinheiro. Os soviéticos sabem disso, e nos deram, no início, 50 rublos a mais para as "bobagens", digamos assim, que são inevitáveis no começo.

A *construção de cidades* na União Soviética está sendo executada de modo planejado, no âmbito do plano quinquenal. Lá, tudo ocorre de forma planejada e coletiva: a educação, o trabalho, a habitação e também o descanso (o parque cultural de Moscou tem quatro quilômetros!). A construção de cidades inteiras, como May a descreveu, é, digamos,

24. Centésima parte do rublo. [N.T.]

o bolo. Nosso pão de cada dia, porém, é a *reforma* das cidades existentes. Para tanto, é preciso realizar as tarefas mais difíceis.

Há, por exemplo, uma cidade no entorno de Samarcanda, o centro da indústria de algodão, que precisa ser transformada em uma cidade industrial. Mas é um tipo de cidade que surgiu no decorrer dos séculos, uma herança de clãs religiosos. Toda ela é composta de ruas sem saída, que conduzem para os comércios dos clãs religiosos. As habitações estão em contradição absoluta com o atual mundo socialista. Pátio anterior, pátio dos homens, pátio das mulheres. Será que as antigas mulheres muçulmanas têm de viver como mulheres socialistas, livres, sem o véu, mas no pátio feminino? É um trabalho enorme reformar essa cidade do feudalismo e do capitalismo.

Precisamos ampliar, aumentar, acrescentar novas partes às cidades, mas também encolher algumas obsoletas. Temos poucas construções de concreto e vidro. Construímos com a mesma qualidade e solidez com os materiais da região da obra, barro, madeira ou silicato. Temos de economizar muito no material. Construímos sem intenções estéticas especiais. Para nós, todo material é deficitário, mesmo a palha. Construir, nesse sentido, é um construir científico. No Instituto de Ciência da Construção para Testes de Materiais de Construção, trabalham 1.200 cientistas. Também já abandonamos construções na fase de fundações, pois todo desperdício de material é evitado. Esse é o caso, por exemplo, do edifício comunitário do Centrosoyuz (projetado por Le Corbusier). Não temos condições de realizar essas coisas no plano quinquenal. Abandonamos a obra iniciada, como um bolo começado, para ter nosso pão de cada dia.

Agora gostaria de falar do ritmo de trabalho. Quando planejamos hoje uma construção, temos o terreno em quatro semanas. A Casa dos Conselhos, o oposto da construção angular do Palácio das Nações em Genebra, foi iniciada em quatro semanas. Para esse Palácio das Nações, foram gastos quatro anos apenas para encontrar o local. Nós não conhecemos subterfúgios, temos de realizar a obra abertamente. Quanto à questão temporal do plano quinquenal, só se fala nesse assunto para tratar de sua redução para quatro anos. Em compensação, já existem quatro novos planos quinquenais.

O artista também desempenha outro papel para nós. Ele é instado a colaborar como participante da brigada. Tem de trabalhar na pintura de edifícios, reorganizar praças inteiras. Para nós, ele faz parte da vida normal de uma cidade. A matéria é tudo, e a forma é irrelevante. A matéria é a representação do plano quinquenal. É inconcebível que faltem motivos a um artista.

Agora a questão da habitação! Antes da Revolução, Moscou tinha 1,6 milhão de habitantes; hoje, porém, esse número aumentou para 2,8 milhões. A área residencial por pessoa em Moscou consiste em 4,5 m^2 (em países ocidentais, em aproximadamente 12 m^2). Ao fazerem essa conta, as pessoas se esquecem, no entanto, dos metros quadrados para a vida cultural e coletiva; elas sempre fazem comparações apenas com a área residencial individual do Ocidente. Nós esperamos aumentar em breve a área residencial para 7 m^2. E continuamos construindo cidades de contorno em Moscou, como, por exemplo, Optigozorsk e Mostrikotach, cidades das indústrias vidreira e de tricô, e um terço delas já estão prontas.

Fora da Rússia soviética, fala-se muito sobre as filas. Em Moscou, são formadas muitas filas. Por exemplo, filas diante de uma loja de departamentos quando não há expediente numa grande empresa; nos cinemas, como as que se formaram para assistir ao filme *O caminho para a vida*, que foi exibido durante meses nos grandes cinemas, do meio-dia até tarde da noite. As filas mais impressionantes — que podem chegar a até 5 mil metros — ficam na Praça Vermelha, diante do mausoléu de Lênin, um local sagrado para todo proletário soviético.

A execução da brilhante economia planejada na URSS só é possível porque os meios de produção se encontram nas mãos dos proletários. Nesse contexto, o desemprego, a prostituição e outros males do sistema capitalista também foram liquidados.

A *mulher* entre nós é uma camarada de trabalho, diferentemente das mulheres parisienses, que discutem por longo tempo se é permitido o uso de pijamas à noite; para as nossas camaradas mulheres, uma questão importante é saber se receberão o uniforme do *Komsomol.* Pela primeira vez, eu vi como o socialismo se tornou realidade e não permaneceu um simples devaneio. Toda nossa educação ocidental foi apenas um recrutamento para a luta de todos contra todos. Isso era característico de nossa posição, e era característico também que as Bolsas de Valores fossem construídas em forma de templos.

A nova arquitetura russa surge pela vontade de todos, não pelos projetos de um grupo qualquer. Nossas construções trazem as marcas do coletivismo, associadas à objetividade americana, à severa cientificidade leninista e à elasticidade revolucionária.

Hans Schmidt:

A União Soviética e a nova construção[25]

O resultado do concurso para o Palácio Soviético deixou indignados os arquitetos radicais do Ocidente. Nós não temos motivos para acalmar sua indignação, mesmo porque essa decisão não foi um caso único e ocasional, e o resultado de um concurso acirrado, organizado desde então entre dez arquitetos russos-soviéticos, irá produzir o mesmo efeito. Mas temos a obrigação de fornecer aos nossos colegas do Ocidente um quadro da situação da nova construção na União Soviética mais objetivo do que o que eles podem depreender com base em tais vislumbres. Em nosso caso, ser objetivo não significa enxergar a nova construção simplesmente como um evento acabado em si, mas como um processo, um processo

25. In: *Die neue Stadt*, caderno 6/7, p. 146-148. Frankfurt sobre o Meno, 1932.

ligado de forma estreita a todos os acontecimentos políticos e técnicos de um todo cultural.

Mas antes vamos dar uma rápida olhada no processo do Ocidente. A situação atual da nova construção no Ocidente surgiu de uma longa série de batalhas, de movimentos muitas vezes entrelaçados, influenciados uns pelos outros e, com frequência, aparentemente antagonistas, como o inglês *Arts and Crafts*, os racionalistas holandeses (Berlage), o *Jugendstil*, o "Um-1800". Logo após a Revolução Francesa, a burguesia do século XIX adotou o estilo arquitetônico feudalista, procurando dessa maneira encontrar suas próprias formas de cultura também nessa área. Todas essas tentativas mostravam, no começo, a busca do alívio das tensões dentro do mundo do alto capitalismo. Daí a revitalização do trabalho manual, a negação da cidade grande, a introdução de ideias sociais como as cidades-jardim operárias, etc.

Sob a impressão do desenvolvimento técnico da última fase do capitalismo, sob o signo da racionalização e padronização, surgiu por fim o verdadeiro programa da nova construção, que demanda a união absoluta entre formas artística e técnica e se firma, sem romantismo, sobre os fundamentos da desenvolvida técnica capitalista. Nesse caso, houve também influência de conceitos sociais, principalmente a ideia de que a técnica capitalista praticada hoje seria capaz, por si só, de produzir o bem-estar de todos. O reconhecimento de que isso não é verdadeiro fez uma ala esquerda da nova construção se voltar para o socialismo.

E qual é a situação da União Soviética? Percebe-se de imediato que a Rússia czarista pré-guerra mal participou dos movimentos que antecederam a nova construção. Essa antiga Rússia não possuía a alta classe operária, nem a média burguesia bem posicionada do Ocidente. Havia um abismo entre a forma de vida do operário e a dos comerciantes e funcionários públicos. A habitação operária, assim como a habitação da classe média, não representava um problema com o qual os arquitetos russos pudessem aprender alguma coisa, como ocorria com seus colegas ocidentais. Com a Revolução de Outubro, uma multidão de jovens artistas nela se engajou e assumiu a luta ao lado da velha geração de arquitetos, colaborando com uma vitória que parecia completa. Numa época em que, comparativamente, ainda se podia construir pouco na Rússia soviética, essa jovem geração, com pouca experiência técnica, gastou todas as suas forças em projetos fantasiosos e, em várias questões, tentou avançar décadas na situação real do desenvolvimento revolucionário. Mas faltava uma base preparada tanto no próprio trabalho dos arquitetos, quanto no impacto sobre o público. A gigantesca tarefa do plano quinquenal, com a qual se inicia na Rússia soviética um período de grande tensão e total reajuste, revela a verdadeira situação. O plano quinquenal trouxe ao Estado socialista, em vez de belos sonhos, uma tarefa bastante concreta. As utopias valem cada vez menos na atual Rússia soviética. O técnico experiente, o arquiteto treinado dá a primeira palavra. Um grande número de antigos arquitetos se colocou à disposição do governo soviético. Faz sentido que eles usem, hoje, as brechas deixadas pela nova construção na Rússia soviética, as brechas da falta de preparo técnico e cultural. A nova construção está em posição inferior.

Essa derrota é reforçada por uma situação na qual se expressa um importante antagonismo entre o Ocidente e a União Soviética. No Ocidente vale, na área das artes, até certo grau, o princípio da livre concorrência. A Rússia soviética exige que uma ideia se integre à linha geral da Revolução. A nova construção perdeu hoje essa oportunidade. Com isso, ela tem a oposição não apenas da massa, mas também dos jovens. Ou, ainda pior, ela hoje vai ao encontro de uma frente ideológica fechada.

Com base nesse lado ideológico, são trazidos a campo os seguintes pontos principais contra a nova construção:

1. As ideias da nova construção, nas formas também conhecidas no Ocidente e definidas como "construtivismo", "funcionalismo", "mecanicismo", são resultado do capitalismo atual, de sua técnica racionalizada e padronizada.
2. O distanciamento da nova construção do monumentalismo e do símbolo, sua negação da beleza absoluta, sua incapacidade de

cumprir a tarefa artístico-ideológica da arquitetura são expressões da decadência da cultura burguesa.

3. O direcionamento idealista-utópico da nova construção (Le Corbusier) procura, como os "utopistas de esquerda" na política, pular as etapas necessárias no caminho para o socialismo, tendo efeito antirrevolucionário no sentido político.
4. Não é objetivo do socialismo anular os valores culturais do passado, mas, pelo contrário, e contrariamente ao capitalismo hoje decadente, retomar e dar continuidade a esses valores.

Devemos deixar as cabeças marxistas mais bem treinadas avaliarem a correção dessas teses. Infelizmente, hoje nos faltam, tanto na história da arquitetura quanto das outras áreas intelectuais, estudos histórico-materialistas. Nossos críticos de arte, que fazem um esforço tão grande e diligente para descrever a última e mais atual obra de arte, pouco quebraram suas cabeças para saber por que nesse ou naquele período surgiu essa obra e não outra.

Por falta de outro melhor, vamos, portanto, nos ater ao programa que a própria nova construção criou. Esse programa tomou como ponto de partida os fatos criados pelo capitalismo moderno. Podemos caracterizar suas ideias até como sinais da decadência desse mesmo capitalismo, mas apenas no sentido de que essas ideias já ultrapassam suas fronteiras — como se a nova construção no Ocidente tivesse de se contentar em se tornar uma nova moda no grande mercado das artes, da qual, atualmente, as pessoas já estão de novo um pouco enfastiadas. O Ocidente possuiria, hoje, em grande medida, as possibilidades técnicas e as condições culturais que a nova construção impôs como ponto de partida para a mudança de toda a nossa relação com a arquitetura. A Rússia soviética não tem agora nem uma coisa, nem outra, pois mesmo os esforços mais extraordinários na área da industrialização e da "revolução cultural" só podem, por enquanto, criar fundamentos.

Sob essas condições, o revés sofrido hoje pela nova construção na União Soviética é compreensível e lamentável — mas também não prova nada contra a correção de nossas exigências. E não é nem sequer surpreendente que os mesmos jovens arquitetos, que durante anos repetiram à exaustão em papel *watman* [sic] o exemplo de Le Corbusier, com fachadas de vidro e jardins nos telhados, criem agora, nesse mesmo papel, sob a coordenação dos velhos mestres da arquitetura, fachadas de uma beleza clássica. Será que a nova construção erigiu em vão o princípio contestado com tanta veemência por todos os semiprontos de que seus objetivos não eram uma troca de estilo, mas sim uma visão fundamentalmente nova das funções a serem cumpridas pela construção? Os arquitetos da Rússia soviética, que têm diante de si uma grande e difícil tarefa técnica e cultural, um dia também voltarão à razão.

Posfácio da redação

Em relação ao Palácio Soviético, nesse meio-tempo, como sabem nossos leitores do Caderno 5, já foi realizado um segundo concurso, cujo projeto publicamos nesse mesmo caderno. A decisão final do júri, que esperamos que corrija o resultado do primeiro concurso, ainda não era conhecida até o fechamento da edição.

A questão abordada por Hans Schmidt em seu louvável artigo "Qual a posição na Rússia atual em relação aos princípios básicos da nova construção?" parece-nos, todavia, ainda mais importante do que essa controvérsia quanto às visões estéticas do júri em Moscou. Não temos razões para omitir que a última alteração das coisas, como se demonstrou não apenas no concurso para o Palácio Soviético, mas também na maioria dos edifícios administrativos e residenciais construídos, deve ter sido uma grande surpresa para todos aqueles que acreditam na *função social* eminente dos princípios básicos da nova construção. Nós, que sempre consideramos bobagem a desconfiança de pessoas como Schulze-Naumburg, A. von Senger, entre outras, que logo enxergam em cada telhado horizontal um compromisso com o bolchevismo, vemos uma mudança quase grotesca da situação, já que esses apologistas de uma construção "apenas nacional", "consciente das tradições" (que, na verdade, nada mais é que o barroco francês do século XVIII), agora que a Rússia está se distanciando, tiveram roubado seu único argumento! Nenhuma pessoa compreende — o que também pode ser usado em defesa da nova visão russa — que os princípios da nova construção ditados por reflexões realmente sociais sejam rejeitados como sintomas da cultura burguesa decadente pelos mesmos russos que consideram sua função manter as formas de expressão artísticas, em parte bastante associais, de uma cultura burguesa florescente. O resultado disso, que estamos conhecendo aos poucos, é a repetição em ladainha de estilos históricos, ou seja, segundo qualquer ponto de vista, o oposto daquilo que é exigido pelos princípios dos trabalhos de construção sociais na Rússia.

Mas talvez as coisas se encaminhem de modo que a Rússia também tenha de recuperar, obrigatoriamente, nessa e em várias outras questões, um período de desenvolvimento que a Europa felizmente já ultrapassou, e que as pessoas um dia falem sobre a arquitetura do plano quinquenal usando expressões semelhantes às que empregamos quando falamos da arquitetura do *Gründerzeit*. E que, como espera Hans Schmidt, eles só voltem à razão depois. "Um grande navio", disse Dostoievski, "precisa também de águas profundas para navegar!"

Gantner

Relatos de Moscou[26]

A volta de Taut de Moscou

Fomos informados, de Moscou, que o professor *Bruno Taut* encerrou suas atividades nas grandes missões que lhe conferiram e tirou licença por tempo

26. In: *Bauwelt*, caderno 7, p. 172. Berlim, 1933.

indeterminado. Ele voltará para a Alemanha, mas passará antes pelo Japão, pois foi convidado pelo governo. Essa interrupção das atividades de Taut não ocorre sem um certo tom de tragédia. Ao contrário de alguns alemães que simplesmente prestaram serviços profissionais ao Estado soviético, Taut é uma daquelas pessoas que, por natureza, veem nas construções nacionais por elas planejadas a expressão organizatória e artística de suas ideias.

Agora, porém, personalidades importantes, entre elas o próprio Stalin, não se interessam mais por *essas* ideias da Nova Objetividade, que retomam formas arquitetônicas antigas. Há um ano (veja nossos relatos nos cadernos 11, 17, 26, 31/1932) que se fala, de variadas formas, sobre o profundo desapontamento de alguns arquitetos alemães que emigraram para a Rússia. Ernst May deve contar mais em sua próxima vinda à Alemanha, complementando assim seu grande pronunciamento do verão de 1931. É difícil não ver a extensão da mudança da expressão arquitetônica de ideias bolchevistas. Parece que superficialidades relativas também influenciaram, mas a interrupção da construção de Le Corbusier, iniciada com tantas esperanças, pode ser fortemente atribuída a decisões fundamentais, e não determinada apenas por dificuldades financeiras (veja também o relato de Moscou abaixo).

Entre o clima, o estilo e a função

A *Bauwelt* escreve de Moscou:

Para os russos, a construção do grande edifício administrativo na periférica Miasnítskaia (rua do Açougueiro) está entre as feridas abertas nos últimos anos dos órgãos construtores municipais — com exceção do entulho que foi um dia a orgulhosa catedral (*Bauwelt* 1932, caderno 12), onde ainda não se sabe *o que* deve ser construído, e da construção da Ponte de Pedra, entre o Kremlin e o edifício do ZIK[27], iniciada há quatro

27. *Zentrisbirkom* – Comissão Central Eleitoral Russa. [N.T.]

anos, mas abandonada na etapa da fundação. Inicialmente destinado ao Centrosoyuz (Central das Sociedades Provedoras de Alimentos), o prédio foi agora concebido para o Conselho de Comissários do Povo para a Indústria Leve (Narkom-lech-prom), surgido durante a divisão do Supremo Conselho de Comissários. Sua construção deveria seguir um projeto de Le Corbusier, e as pessoas, de maneira geral, principalmente nos círculos mais guiados pela razão do que pela moda, temiam que surgisse daí um Palácio de Vidro, difícil de ser aproveitado devido ao clima local.

Um exemplo que serve de alerta é o edifício quase vizinho e alguns anos mais velho onde fica o Ministério do Abastecimento. Esse edifício tem, com exceção das estreitas faixas de colunas e das balaustradas, apenas áreas envidraçadas que funcionam como escritórios, muito comuns aqui, para cujo lado sombreado, no verão, e para os cantos quentes, no inverno, as pessoas fogem com seus trabalhos, isso quando suportam ficar nesses espaços. Não se pode deixar de ver o quanto isso atrapalha o trabalho e os consequentes e constantes prejuízos à saúde.

O esqueleto de concreto do edifício de Corbusier permaneceu dois anos parado na fase de construção ao longo da animada rua, com seu revestimento cada vez mais escurecido e cabos de ferro cada vez mais enferrujados apontando para o céu. Mas a população ainda tem esperança de que se chegue à razão. Agora, pode-se ver, desde a rua, com espanto, que estão acrescentando pedras vermelhas (tufo ártico do Cáucaso) às superfícies externas (para cuja liberação as colunas foram até mesmo desviadas para dentro, no mesmo padrão de Dessau), justamente à superfície da gablete de uma ala que se projeta sem interromper a parede de pedras naturais, como a de um armazém refrigerado, situada na futura linha da rua. As paredes restantes têm pequenas janelas quadradas, semelhantes às das prisões, na superfície lisa de tijolos. Mas publicações antigas sobre os planos para essa construção mostram superfícies de pedra semelhantes nessas áreas, de forma que talvez ainda possamos realmente tomar um susto com paredes de vidro nas outras partes da construção (que agora estão cobertas com tábuas de madeira para a execução dos trabalhos internos).

As pessoas estão curiosas para saber com qual estilo o edifício pronto vai se parecer.

X. Y., Novosibirski:

Sobre as controvérsias em relação à Rússia[28]

Nos últimos tempos, a discussão em torno da situação ideológica e prática da nova construção na Rússia tem ocorrido com frequência nesta publicação e em toda a literatura especializada alemã. Voltamos nossa atenção crítica para aquilo que foi construído na prática durante o primeiro quinquênio do período de industrialização russo-soviético, bem como para as diretivas teóricas apresentadas pelo aparato intelectual do círculo de especialistas da Rússia soviética.

Uma coisa salta aos olhos: a Rússia viveu, depois da Revolução, o florescimento do construtivismo na arte, a quintessência da *l'art pour l'art* — e também na arquitetura, como Hans Schmidt conclui no nº 6-7. As pessoas queriam ser mais europeias do que na Europa. Uma reviravolta aconteceu, porém, após a nova linha apresentada nos seis pontos de Stalin. Um deles diz respeito à convocação da velha inteligência técnica, que hoje realiza avanços impressionantes. Atualmente, as pessoas aprendem de novo de forma sólida — e aprendem também com os mais velhos: "Não desprezem seus mestres." Elas reverenciam o período clássico,

28. In: *Die neue Stadt*, caderno 12, p. 270-271. Frankfurt sobre o Meno, 1933.

defendem o classicismo (Lunatchárski) e, ao mesmo tempo, não querem perder de todo Le Corbusier, o "poeta do construtivismo". Além disso, defendem economia e padronização a qualquer preço! Todos *querem* uma coisa e *devem* fazer outra; o resultado é uma insegurança generalizada, ainda mais quando não há um representante teórico nem diretivas nacionais.

Na antiga revista de arquitetura *Stróitelstvo Moskvi*, o arquiteto Gretchucho inicia uma polêmica contra a construção linear, típica do sombrio ecletismo, e a insegurança teórica em sua defesa. Depois que o autor caracteriza "a monótona repetição dos edifícios, sempre com a mesma feiura e a mesma orientação arquitetônica a distâncias exatamente calculadas, sem considerar o relevo da área", como "semelhantes a casernas" e "monótonos", ele ainda nos assegura que as cidades assim planejadas "se assemelham aos assentamentos que a burguesia do exterior constrói para seus operários". Em primeiro lugar, é preciso dizer que, apenas em raros casos, "operários" moravam nos citados assentamentos do exterior, mas hoje não, de forma alguma. Depois, gostaríamos de sugerir ao arquiteto Gretchucho que vá conhecer um dia um desses assentamentos "monótonos" do exterior, de preferência, morar em um deles. E, por fim, a origem capitalista de determinados princípios arquitetônicos não diz nada contra sua utilidade prática. A Rússia também usa os mesmos meios de transporte coletivos que o capitalista constrói para seus trabalhadores: bondes e metrôs. A pergunta correta deveria ser: "Será que a residência pode ser uma 'máquina residencial?' O autor toca nessa questão com o tosco reconhecimento de que "a arquitetura não é apenas técnica, mas também (!) arte". Não se pode tirar de combate tão facilmente uma palavra como essa, apresentada por um programa.

Por mais que nosso autor rejeite também o formato da cidade capitalista, isso "não significa que tudo nas cidades antigas seja ruim e que não valha a pena usá-los em nossos novos projetos. Sempre houve talentosos construtores que projetaram composições incomparáveis (!) para cidades e parques, as quais ainda hoje nos encantam (!)". Até aqui, tudo bem, mas Gretchucho nos revela, em sete postulados no final de seu artigo, o que lhe causou espanto nessas "composições".

1. Ele rejeita as "soluções padronizadas dos grupos de arquitetos alemães de Moscou e do grupo de Guinsburg". Mas essas soluções padronizadas infelizmente não existem. O que existe é um projeto de construção geral de May para Magnitogórsk, e outro de Schwagenscheidt para Kuzniétsk. Se quisermos ser exatos, isso não é tudo, mas é o mais importante. Parece que o autor sente falta deles, dos *points de vue*, das "composições". Em sua opinião, a vegetação, a água e o relevo devem "ser trabalhados pelo urbanista, como é a decoração pelo diretor artístico".
2. Padronização "não a ponto de se perder a consciência". Padronização dos elementos, mas nunca do todo...
3. Ceticismo em relação às normas, "porque não foram testadas de forma suficiente".

Infelizmente, este último ponto é verdadeiro, mas apenas uma questão de tempo. Mas, enquanto esse ceticismo for colocado como um princípio, ele atrapalha qualquer trabalho sistemático.

Segue, então, como receita barata do classicismo.

4. "Não levar um susto e entrar em pânico se alguma coisa é realizada de forma semelhante a algo bom antigo (!), se essa coisa antiga também estiver na esfera das soluções clássicas."
5. "(...) não ignorar os procedimentos puramente artísticos (...)."
6. Devolver à arquitetura... "a escultura tornada sua parente com o passar dos séculos".

E, para ficarmos informados sobre a clareza da *École des Beaux Arts*:

7. "Não ter medo do eixo clássico da simetria. Esta última vale principalmente para o projeto."

Nós poderíamos deixar para ele e seus seguidores, então, esse ecletismo tão sombrio, se ele hoje na Rússia não fosse elevar a um postulado político seus princípios — se é que ainda podemos considerar "princípios" o florilégio acima.

Hans Schmidt formulou de forma muito correta, no nº 5-6 do *Die neue Stadt*, objeções à nova construção, que devem ser levadas muito mais a sério. A mais importante delas é a terceira objeção, que fala sobre os utopistas de esquerda entre os arquitetos modernos (Le Corbusier), que querem pular etapas necessárias. E aqui está o perigo. Com um tal postulado da submissão do arquiteto criador a uma linha geral, qualquer exposição mais ousada no limite das suas possibilidades técnicas *pode* — nós dizemos expressamente: "pode" — ser caracterizada como "antirrevolucionária". Enquanto isso, permanece um segredo dos apologistas do classicismo a resposta para a seguinte pergunta: "Em que medida uma arquitetura embelezada pela cultura e marcada pela simetria seria mais socialista do que uma "casa sobre paliçadas" de Le Corbusier?"

Na prática, na verdade, um outro motivo muito diferente leva ao abandono da forma "monótona" da construção funcional: a falta de qualidade da execução. Construtores que poucos anos atrás se deslocavam como nômades pela estepe ou, no melhor dos casos, viviam como camponeses nos vilarejos — e que, muitas vezes, são 75% mulheres, meninas de 20 anos de idade —, transformam, sem dúvida, qualquer objetividade em primitivismo. Isso é dito expressamente por colegas de profissão russos. Por isso eles escapam para as escadarias redondas, janelas arredondadas, cornijas de reboco e, por fim, para a "escultura transformada em parente" e para a simetria clássica. Elevação da forma em vez de elevação da qualidade. Deve-se até admitir que a monumentalidade da escultura — vazia para o Ocidente — volte a ter um significado político na Rússia. Certamente, porém, não como ornamento arquitetônico.

Se os russos tentam seguir, na política e também na arte, o seu próprio caminho, isso apenas corresponde às expectativas que o mundo tem em relação a eles. O que, no entanto, permanece obscuro é o motivo por que seria permitido adotar formas de expressão cultural do período florescente da burguesia, como a arquitetura do classicismo, a música do romantismo e valsas de Strauss, mas não a Nova Objetividade na construção ou novas músicas dançantes. Em relação à aplicabilidade dos princípios da Nova Objetividade desenvolvidos no Ocidente, os russos têm razão em não os aceitar sem críticas. O que Gropius, May, Taut e outros desenvolveram foi a expressão urbanística de uma sociedade burguesa, atomizada em indivíduos econômica e intelectualmente autônomos. Seus projetos urbanísticos são consequência da burguesia liberal e, como tal, se opõem à burguesia conservadora, com tendências à centralização comunal ou comum-cooperativa de diversas funções vitais. O que eles não conseguiram encontrar, e por isso, claro, não trouxeram para a Rússia, foi um modelo de projeto que servisse de orientação tanto política quanto educacional aos movimentos de massa (como em 1º e 2 de maio, e em 7 e 8 de novembro). Suas "cidades-jardim", "cidades-satélite" e "cidades de contorno" não são nada mais, mas também nada menos, do que somas de células habitacionais quase idênticas e sob boas condições higiênicas e de iluminação. A cada adulto, seu próprio quarto com o máximo de luz e tranquilidade — melhor: ser deixado em paz. Isso, no entanto, não é pouco e também terá bastante utilidade no urbanismo russo-soviético. É necessário, mas não suficiente.

O significado político propagandista do planejamento urbano, sobretudo das praças e da construção de praças, mal pode ser reconhecido, e, da mesma forma, a alocação de edifícios comunitários, como clubes, casas de solteiros, casas-comunas, jardins de infância e refeitórios em cada bairro, não como apêndices, mas como ponto central politicamente exemplar. Esses "edifícios complementares", como são conhecidos no Ocidente, significam a antecipação de formas habitacionais com fundamento social totalmente diferente, enquanto na Rússia eles — além de constituírem 25% de todos os edifícios habitacionais — funcionam como exemplos políticos. Justamente o mais consequente e ainda raro tipo de casa-comuna está hoje sob a proteção de um grande empreendimento, o que marca o caráter público desse tipo de habitação. E, por fim, em um país onde os operários são os donos dos empreendimentos, é visível no mapa da cidade também uma outra relação entre a fábrica e o assentamento.

De qualquer maneira, a todas essas perguntas ainda não há respostas por parte dos russos, menos ainda por parte dos arquitetos alemães na Rússia. Aqui há possibilidades para o urbanismo socialista no sentido de uma ampliação significativa da construção linear desenvolvida no Ocidente. Mas, justamente *por isso*, pode-se exigir mais do lado russo do que um plágio histórico. É primitivo demais o fato de o urbanismo ocidental ser puramente ignorado *apenas porque* é "semelhante aos assentamentos que o capitalista constrói para seus trabalhadores". Na prática, tal arrogância política não leva a lugar algum e não convence ninguém.

Tais pontos de vista e teorias são correntes hoje, sem que esteja claro o quanto são propiciados e/ou estimulados pelos altos órgãos soviéticos ou pelas competências teóricas. Podemos esperar esse posicionamento oficial no "Congresso Internacional" em Moscou. Então, não faltarão surpresas e críticas de ambos os lados.

ESTE LIVRO FOI COMPOSTO EM GARAMOND REGULAR, CORPO 12 POR 14,3 E IMPRESSO EM PAPEL COUCHÊ MATT 115 g/m² NAS OFICINAS DA ASSAHI GRÁFICA, SÃO BERNARDO DO CAMPO - SP, EM MARÇO DE 2019